NE運命解析学大全

この時代を
選んで生まれた
あなたの人生の
謎を解く

天河りえ
佐藤秋子
共著

ナチュラルスピリット

光キャスト
ハンター
賢人
大将軍
大統領
王さま
親分
統率者
突撃隊長
研究家
博愛人
皇后
巫女
奉仕家
変革者
Erika Katayama

ライトマスターチャート例

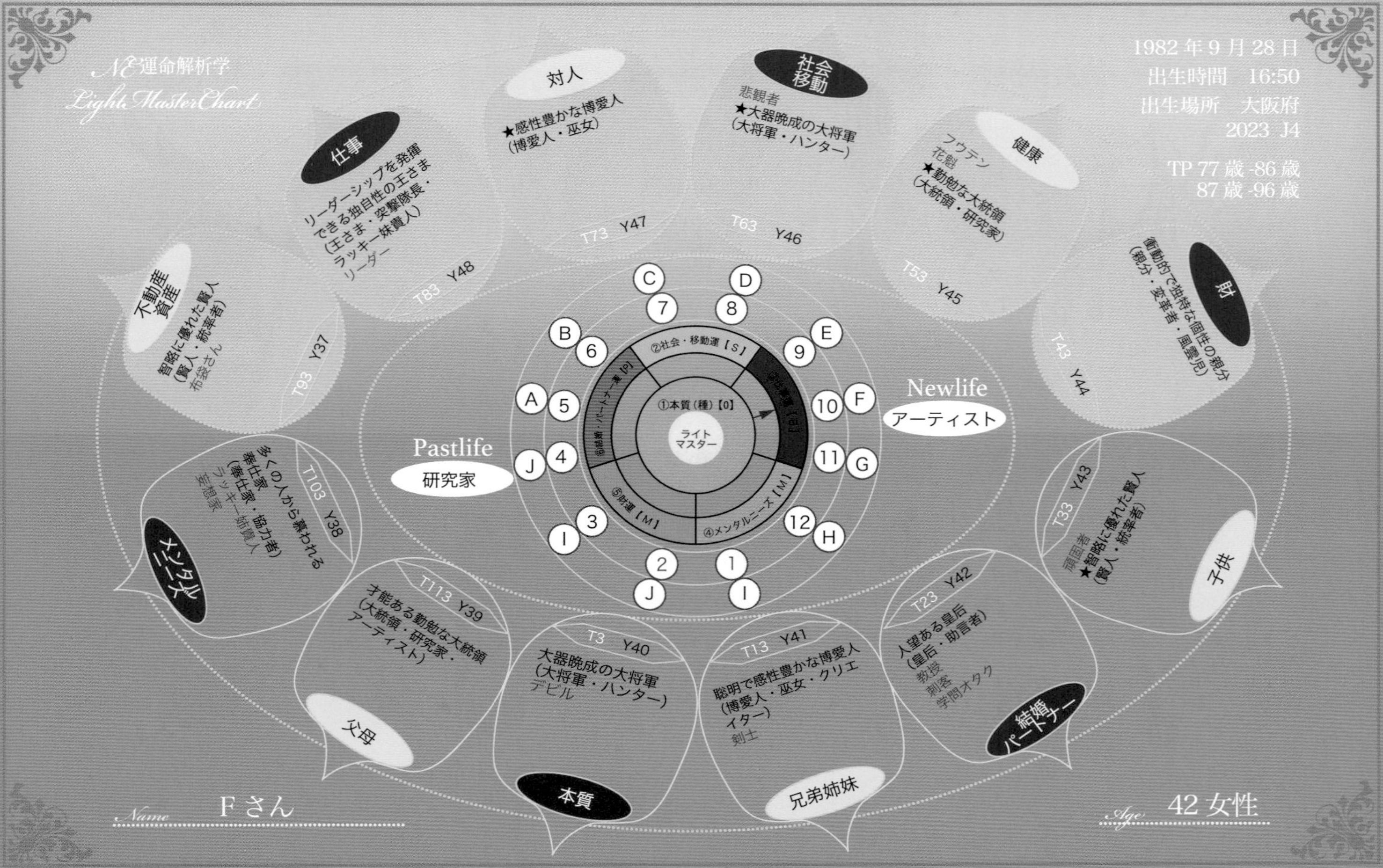

NE運命解析学
Light Master Chart
1982年9月28日
出生時間　16:50
出生場所　大阪府
2023　J4
TP 77歳-86歳
87歳-96歳
不動産資産
智略に優れた賢人
(賢人・統率者)
布袋さん
T93　Y37
仕事
リーダーシップを発揮できる独自性の王さま
(王さま・突撃隊長・ラッキー妹貴人)
リーダー
T83　Y48
対人
★感性豊かな博愛人
(博愛人・巫女)
T73　Y47
社会移動
悲観者
★大器晩成の大将軍
(大将軍・ハンター)
T63　Y46
健康
フウテン
花魁
★勤勉な大統領
(大統領・研究家)
T53　Y45
財
衝動的で独特な個性の親分
(親分・変革者・風雲児)
T43　Y44
子供
頑固者
★智略に優れた賢人
(賢人・統率者)
T33　Y43
結婚パートナー
人望ある皇后
(皇后・助言者)
教授
剣客
学問オタク
T23　Y42
兄弟姉妹
聡明で感性豊かな博愛人
(博愛人・巫女・クリエイター)
剣士
T13　Y41
本質
大器晩成の大将軍
(大将軍・ハンター)
デビル
T3　Y40
父母
才能ある勤勉な大統領
(大統領・研究家・アーティスト)
T113　Y39
メンタル
多くの人から慕われる奉仕家
(奉仕家・協力者)
ラッキー姉貴人
妄想家
T103　Y38
Pastlife
研究家
Newlife
アーティスト
ライトマスター
①本質（種）【0】
②社会・移動運【S】
④メンタルニーズ【M】
⑤財運【M】
⑥結婚・パートナー運【P】
A B C D E F G H I J
1 2 3 4 5 6 7 8 9 10 11 12
Name　Fさん
Age　42女性

闇キャスト

ライトマスター

ライトチルドレン

イラスト：片山惠理加（巻頭P2〜4）

NE運命解析学大全

この時代を選んで生まれたあなたの人生の謎を解く

たとえ、それが痛みをともなう、不都合な出来事であっても
魂の進化と目的へと誘《いざな》うプロセスでしかない
その俯瞰した視点を得られた時、深い人生の謎は解かれてゆく

プロローグ　災い転じて……

冬の寒さが遠のき、暖かさを感じはじめた初春の昼下がり。

窓から差し込んでいる穏やかな陽の光が、リビングのウッドテーブルの上に置いたエナメルの携帯に反射している。妙にその光景が綺麗だと思い、眺めていると、着信音が鳴った。友人からだ。


「はい」

「O先生が、お亡くなりになったそうよ……」

その短い言葉の意味が一瞬、わからなかった。


数秒の後、脳が理解した途端、私の身体は凍りつき、今まで見えていた光の景色は、色を失った。

2010年3月19日。その日は春のお彼岸だった。私が「マスター」と呼ぶ人は、何とも意味深い日にこの世を旅立った。

あの日まで、おぼろげにイメージしていた私の未来は、突如カットアウトされたのだ。それは、羽を広げ、大空に飛び立つ時を今か今かと待っていた渡り鳥の翼が、激痛とともにポキンと折れた瞬間だった。

亡くなった日の夜、ひとりで声を上げて泣いた。

泣きながら心の中で叫ぶ。

「なぜ！　どうしてここで逝く？　私はこれまでやっていた仕事もすべて捨てて待っていたのに、そんな現実、あり得ない！」


すると、ふと、マスターの声が聞こえた。

「すべて善《よ》きことだ……」

「そんな……こんな時でも、すべてが善きことなのですか？」

「そう、すべて善きことだ……」

どこから聞こえてくるのか、マスターの声に驚きつつも、私の問いに二度、同じ言葉が繰り返される。

その時は悲しすぎて、意味がまったく理解できなかった。


あれから干支が一周するほど、月日は流れた。今は、マスターが何度も伝えてくれた言葉の意味がわかる。

失ったと思えたマスターも、私の未来も、失ったわけではなく、そのエネルギーは形を変え存在している。絶望も悲しみも、時が癒すとともに、この世の良し悪しでは推し量れない宇宙の意図の深遠さを感じ入る。

あの出来事は、私の魂の成長と目的を促すために、微塵の狂いもないタイミングで、起こるべきことが起こっただけだったのだ。

宇宙の計らう意図を理解しはじめたのは、マスターが亡くなった1年後。14年住んだ九州から長野に引っ越すことを決めた頃からだった。

「時が来るまで、お前はまだ引っ込んでいなさい。時が来たら、一緒にやることがあるから」

そうマスターに言われ、当時、全国にクライアントを持ち、駆け回っていた多忙な生活から足を洗い、2007年から食っちゃ寝生活をしていたのだ。それなのに、時もへったくれもない！　マスターは逝ってしまったではないか……。

「私の時は、いつ来るのだ！」

そう思っていた。

引っ越すと決めた時、以前、たくさんのクライアントにセッションで使っていた高度な帝王運命学のことが頭をよぎる。

今の私の運命は一体、どうなっているのだろう？

気になり調べてみた。それは、一度捨て、封印していたものだった。捨てた理由は、マスターの言葉だった。

「帝王運命学は〝夜の時代〟のもので、これからの〝昼の時代〟には当たらなくなる。当たらなくなる夜の時代のものを伝えるのではなく、昼の時代の生き方を伝えるように」

そう言われていた私が、クライアントに提供していたのでは、矛盾が生じる。その思いからだった。

※昼の時代・夜の時代に関しては序章で詳しく記しています。

しかし、その時の私の運命を調べてみると、ナント！　その通りの状況ではないか！

マスターが亡くなった年は、私の「10年の運命のステージが切り変わった時」、つまり人生が大きく変わるタイミング。2010年は「変化を促される年」で、12年に一度、2年廻る節目期だった。かつ「メンタル面でもダメージ」があり、本質にある「自分の良さをかき消される時」と書いてある。

引っ越しを決めた年のデータにも驚いた。

この年は両親と向き合うタイミングになっていた。両親とは価値観が合わず長く疎遠になっていたが、今回は両親に助けてもらうしかなかった。結果、いろいろ話すようになり、この年を境に、穏やかに歩み寄りはじめ、確執も薄らいだのだ。

「昼の時代になれば運命は当たらない……。とはいえ、夜から昼の過渡期である今は、いまだ運命学通りということなのか!?」
愕然と驚嘆が入り混じった感覚を覚えつつ、そう思った。
一度は手放したこの高度な運命学は、いまだ機能している。であれば、もう一度、マスターから学んだ宇宙理論をベースに、運命学に新たな視点を取り入れ、的中率の高い運命学とはどういう構造で、なぜ当たるのかを研究してみてはどうか。

昼の時代になれば、これまでの運命学は当たらない。当たらないというのは、ひとつには宇宙のプログラムが変わり、夜の時代の価値観も社会の構造も180度変わるから、ということ。
2つ目に、昼の時代になれば、運命は自ら変えられるという、これまでよりも高度な科学的な情報を人々が知るようになる、ということもいえるであろう。

であれば、これまでの当たる、当たらないに重きを置く運命学の認識を変え、マスターから学んできた宇宙の原理原則、夜の時代から昼の時代への変化、人間の構造や魂の構造、その変化、運命とは一体何か、家系や人間の因果律、的中率の高い運命学のデータを、それらに落とし込み研究し直してみよう。

そう決めた。

それから、4年の歳月を経て、夜の時代から180度、価値観が変わる過渡期の今と、昼の時代における人々の生き方の羅針盤となる「運命をレベルアップするための学問」、その礎となることを願い『NE運命解析学』は産声を上げた。

もしあの時に、私がマスターとともに羽ばたいていたら、NE運命解析学はこの世に生まれることはなかった。

翼の折れた渡り鳥は、新たな行く先を見据え、また羽を広げた。

目次　NE運命解析学大全　この時代を選んで生まれたあなたの人生の謎を解く

第1章 NE運命解析学とは何か

第2章 NE運命解析学が目指すのは、進化した人類

第3章 魂職を体現することが昼の時代の働き方

第4章 運命を読み解くためのキーワード

第5章

運命をレベルアップするためのエトセトラ

第6章 本当の自分へのパスポート

第7章 運命をレベルアップさせたケース

プロローグ～第5章、エピローグ　天河りえ著
第6章～第7章　佐藤秋子著、天河りえ監修

現状の世界

今、私たちは地球から、ふるいに掛けられる時代を迎えています。

そして同時に、個々の天才性が発芽し、創造者として自由に生きられる「**昼の時代**」に突入したともいえます。

そのふるい分けは、このタイミングで魂が目覚め魂の声を聞き、その目的に基づき、自分らしく生きられる人とそうでない人に分かれるともいえるでしょう。

これまでの人類は、嘘騙しを得意とし、搾取する一部の富める人々と、盲目的に信じて従い、搾取される人々で構成されていました。その時代を２５００年続いた「**夜の時代**」といいます。

夜の時代における一般庶民の価値観は、幸せの定義も働き方もみな同じ。つまり没個性、信じて従って生きていれば、より良く生きられた時代です。これが夜の時代の特徴でもある「**一方向性社会**」でした。

地球はいまだ争いが絶えず、損か得か、善か悪か、奪うか奪われるかといった二極を基本にして判断する魂を持つ人類が多い惑星です。そんな地球人類は「ドラえもん」の世界に登場するキャラクターたちのどれかに集約され、宇宙から見たら幼稚園レベルの「**子どもの魂**」の学び舎だったといえます。

2020年からの新型コロナウイルス騒動から社会構造は大きく変わり、追い打ちをかけるようにウクライナ・ロシア戦争の勃発で、エネルギーや食糧問題の危機が浮上。銀行破綻の連鎖、経済的に多くの国々がいつデフォルトが起こってもおかしくない状況に直面しています。さらに日本の人口は激減し、〝多死社会〟へと推移しています。

現状の世界は混沌とし、まさに夜の時代の特徴……本質的なものは見えず、隠され、「偉い」といわれた人々や機関から流される情報だけを信じ、そこに価値を置き、固執した一方向性社会の物質文明の終末期を呈しています。

「**昼の時代**」のツールともいえるスマホやSNS、ZOOMなどの出現により、誰もが時空を超え、大昔からすると日常的にテレパシーを使える術《すべ》を持つようになったといえるでしょう。

さまざまな情報に自在にアクセスできることで、一人ひとりの幸せの価値観も生き方も、みな違っていいという**「全方向性社会」**に向けた動きが加速しました。

ここ数年で、陰《かげ》に隠れて搾取し、世界に君臨していた支配者たちが作り上げた、世界の裏構造に人々は気づき、そこに付随した政治や医療、信じて従わせ盲目にする教育など、さまざまな制度のからくりに異議を呈する人が多くなりました。

その流れは、夜の時代に盲目だった人々が目覚め、数段高い位置と視座を持つこと。さらにこの時代を選んで生まれた魂の目的のもとに自立し、共生・共創していく**「大人の魂」**へと成長している流れだともいえます。

一人ひとりが天才性を発揮できる昼の時代へと環境適合していくことを、宇宙自然から今、促されているといえるのです。

おわかりの通り、今までのように**みな同じという価値観はもう機能しません**。

そこから副産物のように生じた劣等感も、比較観念も、捨て去っていかなければなりません。人と比べることではなく、あなた自身がしあわせを感じられる生き方、価値観、方向性、持って生まれた才能、強みを理解し、あなたにしか表せない天才性を発揮していくことが、大前提の時代になったのです。

不要な努力はいらない世界へ

夜の時代は、才能を発揮しプロとなり、社会に役立つ生き方をするには、1万時間以上の努力が必要とされていました。

昼の時代は、**生成AIやロボットとの協働創造の時代**です。

今や、生成AIのチャットGTPやミッドジャーニーをはじめとする、AIの指数関数的な進化で、効果的な質問をしてイメージしたことをAIに投げかければ、洗練された回答や、ひとつ上の次元ともいえるクリエイティブな傑作が、誰でも簡単に生み出すことができるようになりました。

1万時間も勉強し、競争して勝つための努力ではなく、自由な表現において誰でもAIの使い方さえマスターすれば、天才性を発揮できる……そんな世界が到来しています。

生まれた時からスマホが当たり前にあった世代の若者は、AIを自在に使いこなし、眠っていた天才性をいち早く発揮していくようになります。学校に行かず、ゲームばかりして、親が心配していたような子どもが、実は誰よりも早く、自分の生きる道を見出して、昼の時代には自由に豊かに暮らせるようになってしまうことも、大いにあり得るのです。

これまでの夜の時代は、より良く生きるために、人間に課されたテーマは「苦労、苦しみ、努力」でした。それができる人間は、夜の時代の神《かみ》や先祖に好まれ、応援されたのです。学校教育でも職場でも努力が推奨され、それが当たり前にできて一定のラインすべてに成績優秀な人は、「秀才」「エリート」と呼ばれました。

しかし昼の時代は、自分が「**楽で、楽《たの》しく、喜んで、喜ばれる**」ものを取り入れて自由に行動していく。これが人間に課されたテーマとなります。

反転した世界では、引きこもりやニート、オタクがトップに浮上する⁉

これからの時代は、さまざまなものが180度反転していきます。

これまでトップだったものがダウンし、ダウンにいたものがトップに浮上するということが起こり得る時代です。

たとえば家系も優秀で本人も秀才、エリートだった人々というのは、今までの夜の時代の価値観に合い、環境適合していたともいえます。反対に、夜の時代の価値観には合わず、家系的にも問題が多く、人といても浮いてしまうような人々は、生きることがつらく、ニートになったり引きこもったり、不登校や登校拒否になっていたことでしょう。

しかし、180度価値観が変わり、夜から昼へと時代が逆転していくと、これまでトップにいた人々は環境適合しにくくなり、逆にダウンにいた人々が環境適合しはじめて、俄然、生きやすくなってくるのです。

夜の時代は、何でも平均以上にできる人や効率よくできる人を「秀才」「エリート」として、国や社会においても重きが置かれ、良い役職に就いてきました。ですが、これからの時代は、平均的に何でもできるという人は、指示されることはできても、個になった時、自分に特筆すべきものがない、つまり〝何もできない〟という部類になってしまうかもしれません。

さらに、何でも優秀にできたエリートや、真面目に社会のルールに従って自分の心に蓋をして働いていた人々は、あろうことかＡＩに職を奪われてしまうという悲劇に見舞われないとも限りません。

片や、外部からみると「奇人」や「変人」「天才」といわれる人々は、秀才のように平均的に優秀でなくても、人に指示されたものは完璧にできなくても、何かひとつ飛び抜けているものを持っています。たとえば、学校教育の科目はどれも落第点でも、ダンスは飛び抜けて上手、昆虫採集は達人、掃除だけは誰よりもきれいにこなせるなどといった、何かが飛び抜けています。人に「やるな」といわれても、自動的にやってしまい、かつ、できてしまうもの、面白いと感じるもの、それをやっていると心も身体も健やかで楽しい。

そういうものがあれば、たとえ、人が忌み嫌うものであっても、気にせずに磨き上げれば、必ず需要があり、生きていける時代なのです。

時にＡＩと協働創造をすれば、昔のように本格的にプロになり、利益を得るまでに要した時間は、さほどかからなくなります。

昼の時代にも「努力」という言葉は存在しますが、これまでと異なります。

それは人と比較して、人よりも上にいくための努力や、自分の心を偽ってまで頑張る努力ではないということ。いかに、唯一無二の自分の天才性に気づけるか……そのための体験や学びが「努力」であり、これが昼の時代の人々の当たり前の在《あ》り方になっていくのです。

私の他の著書の中にも「人間は神の位置にシフトする」とお伝えしていますが、これまで人間が行なっていた苦労や努力、労力は、今後生成ＡＩが担います。今までの「神」と呼ばれた管理者たちが担当していたような、創造性を発揮して地球上に新たなものを生み出し楽しむということは、昼の時代にステージアップした、大人の魂を持つ人間が行なえるようになる。

そんな時代がいよいよスタートしています。

大人の魂へとレベルアップするために欠かせない罪状昇華

すでに、昼の時代のエネルギーは、地球を含めた太陽系に到来しています。

しかし、実際にいまだ世界がそう感じられないのは、これまでの時代の残存エネルギーや残存勢力が、徒花《あだばな》のごとく暴れまくり残っているからなのです。それゆえに、残念ながらまだ時代の〝過渡期〟ともいえます。

夜の時代に作り上げられた世の中の仕組みや環境もすべて変わり、良い時代になったと実感できるようになるには、おそらくまだ十数年はかかるかもしれません。それは、これまでの夜の時代に、人々から搾取し支配していた人々が、徐々に消えていく期間だといえそうです。

この過渡期のうちに、あなた自身が大人の魂へとレベルアップするうえで欠かせないプロセスともいえる、魂や家系の因縁因果の持ち越しである**罪状**（**カルマ**）を理解し、完全に昇華させておくこと、さらに地球上で起こるさまざまな浄化の事象に巻き込まれないよう備えておくことも必要でしょう。

そして何より、魂の目的を見出しておくことも大事です。

そのためには、どうすればいいのか？

まずは今の日常で、あなたに起こる不都合と思えるさまざまな事象が、罪状昇華のメッセージであり、ドアノックされていると思ってください。それを誤魔化したり、人のせいにしたり蓋をしたりせず、きちんと向き合うことから始めましょう。

「嫌なことは忘れてしまえばいい」と思ったとしても、所詮、無理なこと。意味があって起こっている事象ですから、強引に忘れようとしても、潜在意識には累積されていきます。逃げても繰り返し起こることになり、それこそが、家系的にも魂的にも長く刻まれた、魂の傷、罪状の反応なのです。

今回、それを昇華せんがため、あなたは生まれてきたともいえるのです。

その罪状刈り取りのチャンスのために、とても重要なことは、「それを解消する」と、まずは「**決めること**」「**決断すること**」です。

今は時空間の流れが早いですから、決めることで、あなたにとって必要な気づきや行動を促すための情報や、もの、こと、人との縁が、即《そく》起こりはじめるようになっています。

宇宙のサイクルのシフトによる新たな時代と、人間の生き方を伝える宇宙人生理論

私は、マスターから継承した理論（『宇宙人生理論』）を研究し、それをもとに時代が180度転換していくこと、大転換時代に生まれた意味を理解すること、生き方・働き方の認識を変えていくこと、あらゆることの変化に備えていく必要があることを、お伝えしてきました。

この時代の変化は世の中で言われているような100年、800年に1度といわれる単位の変化ではありません。

私たちの宇宙のサイクルでいうのであれば、約2500年に1度、さらに俯瞰した視点でいえば、7京年に1度という、途方もない「宇宙のプログラム」が変わるタイミングが重なっている変化だといえるのです（宇宙のプログラムやサイクルの変化についての詳細は、前書『人類覚醒のタイムリミット』をご参照ください）。

この膨大な理論では、今までの2500年の「夜の時代」に機能していた生き方や価値観、常識を「**地球人生理論**」といいます。

一方、これから始まる2500年が「昼の時代」。幸せになる生き方を「**宇宙人生理論**」として、あら

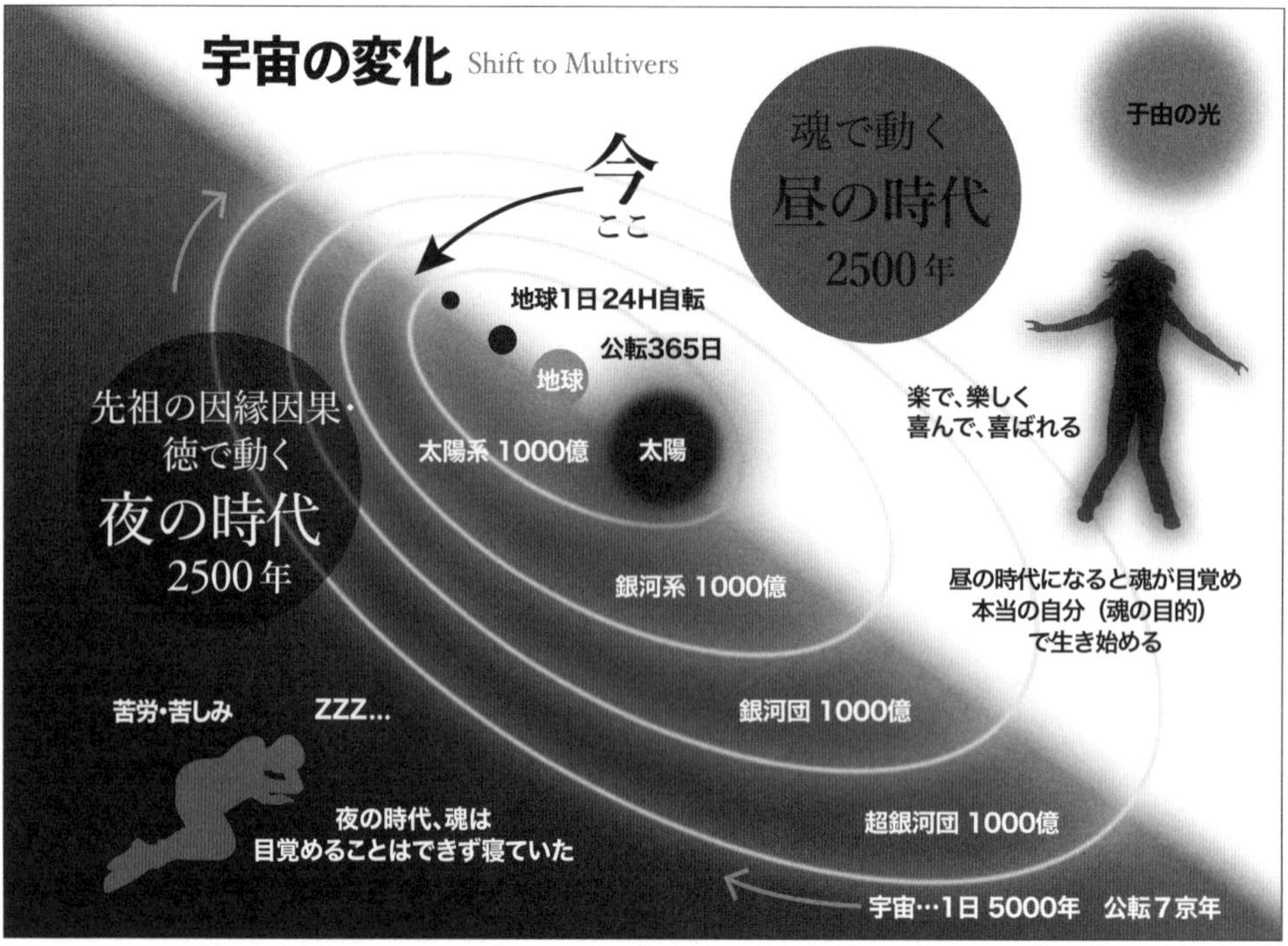
宇宙の変化 Shift to Multivers
今
ここ
魂で動く
昼の時代
2500年
于由の光
地球1日24H自転
公転365日
地球
先祖の因縁因果・
徳で動く
夜の時代
2500年
太陽系 1000億
太陽
楽で、楽しく
喜んで、喜ばれる
銀河系 1000億
昼の時代になると魂が目覚め
本当の自分（魂の目的）
で生き始める
苦労・苦しみ
ZZZ...
銀河団 1000億
夜の時代、魂は
目覚めることはできず寝ていた
超銀河団 1000億
宇宙…1日 5000年　公転７京年

宇宙のサイクルのシフトによる時代と生き方の変化

		今までの2500年 地球人生理論	今 移行期	これからの2500年 宇宙人生理論
なぜ自己を知ることが大事なのかその背景	1 時代の変化	夜の時代		昼の時代
	2 文明の特徴	低物質文明		高度精心文明
	3 社会の構造	一方向性社会		全方向性社会
	4 働き方	ドリフターズ（トップダウン）		嵐バージョン（フラット）
	5 時間の認識	過去→今→未来		未来↔今↔過去（同時）
	6 人間の構造	先祖の信号、因縁因果・ 徳を受信する構造		魂の信号を受信する構造 因縁因果や徳は消える
→	7 人間の思考	信じて従う		自立
→	8 環境の働き	束縛		創造性
	9 縁の変化	因縁因果の縁		魂レベルの縁
これからはここを知ることが重要	10 運命	決定論		認識論
	11 生き方	外に合わせて生きる		自分を知り、内なる動機から生きる
	12 魂と繋がる	観念（エゴ）で繋がらない		観念（エゴ）が薄らぎ繋がる
	13 魂の目的	知る必要なし		知ることで生かされる

ゆる角度から定義しています。

P27の表の「7」以降をご覧ください。

地球人生理論においては、自分の運命を知ることよりも〝信じて従う〟ことが正しいとされていたので、魂の目的など知る必要はなかったのです。

しかし、これからの昼の時代の宇宙人生理論においては、一人ひとりが魂の目的のもとに立ち自立していく時代。魂の目的を知って活かし、かつ繰り返してきた罪状のパターンから脱却して運命をレベルアップすることで、人生が花開いていく時代なのです。

2023年から地球はプラスのエネルギーの惑星へ

宇宙人生理論では、私たちの宇宙そのもののプログラムが変わることを伝えています。そのプログラムが変わったのが、1994年8月。この段階で、于由《うゆう》という光源を中心に廻る私たちの宇宙は、7京年の公転のサイクルを終え、新たな12回目の7京年のサイクルに突入しているのです。

新たなプログラムで廻りはじめた宇宙を、パソコンに例えるなら、これまでのソフトがアップグレードしていくことと似ています。それにともない、地球も徐々にさまざまなことがアップグレードして、昼の時代に加速的に移行しています。

そのひとつに、地球の総合的な「知質」と「知量」がアップデートします。全宇宙から見ると、これまでの夜の時代の地球の「知質」はプラス10で、「知量」はマイナス40でした。

それが2023年からは、「知質」がプラス40、「知量」もプラス10に変わります。つまり、知質も知量もプラスになるのです。すると人々の脳も、地球の環境に応じてアップデートされていくことになります。

それにより、今まで解明できずにいたことや、発見できなかったものが新たに発見されたり、昼の時代の高度な精心文明に応じた学問や研究が進むでしょう。実際に爆発的に進化を遂げているチャットGPTをはじめとする生成AIも、2023年から世界を席巻しました。

すでにこの世界は5次元に移行しています。その証のひとつとして、テクノロジーは、すでに昼の時代の高度なものが出現しはじめています。それらが昼の時代の到来を告げているのです。

人々もさまざまな洗脳から目覚め、罪状を昇華する考え方も容易に受け入れられるようになります。そして、本来の自分で生きることに、躊躇なく進むことができるようになっていくことでしょう。

あなたを救うヒーロー・ヒロインはあなた自身

なぜ私たちは、大転換していく文明の過渡期を選び、生まれてきたのでしょうか？

それは、**今が最も魂が成長でき、進化を促せるチャンス**だからです。

そして、進化した大人の魂で、その後のユートピアともいえる昼の時代を体験したいと思っているからです。


夜の時代の8割の人々は、長いこと「信じて従うこと」を正しいとしてきました。自分で考えるより、誰かの敷いたレールや枠に従って生きていたほうが、たとえ不自由さは感じても、楽だったのです。

そして、自分は変わることなく、周りや世の中が変わってくれればいいと思っていた人が大半でした。

その在《あ》りようが、夜の時代の「一方向性社会」における人々の思考特徴だったともいえます。もしかすると、本書を読んでいるあなたも、そうだったかもしれません。


しかし、昼の時代の「全方向性社会」に向かえば向かうほど、その思考は通用しなくなっていきます。

あなたのみならず、先祖代々、長いこと定着していた思考パターンを変えるには、残念ながら危機的状況に遭遇したり、これまでの状況では立ち行かないような、お尻に火が付いた状況に直面することで、自らを変える行動をしようと思う人は、多くはありません。

世界人類、一人ひとりが「このままではヤバイ！　本当に崖っぷちだ」と思えた時に、否が応でも火事場のバカ力を発揮します。人は危機的な状況下に追い込まれると、かなり鈍感な人でも行動をしようとするものです。そこに気づきと覚醒が起きやすくなります。

この時代を選んで生まれた私たちの魂も、地球も、それを望んでいるのです。

昼の時代では、生きることにおいて**正しい答えはひとつではありません**。一人ひとりの人生の正解もしあわせの価値観も、みな違います。

私たちは常に自分で考え、問いを立て、課題を見つけ、自分なりの答えを見出し、魂の目的のもとに行動できる**自立マインド**に切り替えていかなければならないのです。

いまだ発信され続けている世界や社会の虚構に、そしてまた人や周囲に振り回されないためにも、世界の真実を見極める心眼を培い、魂と繋がった本当の自分を生きること。そこから創造性や天才性を発揮して、自らの世界を構築していくこと。これからはそんな大人の魂の時代になるのですから。

忘れてはならないことは、あなたの魂と人生を救うヒーローやリーダーは**あなた自身**であり、外部にいるのではありません。自らを救うものが救われるのです。

今、そのことを深く刻み込んでください。

情報過多時代は良いも悪いも紙一重

現代の私たちが1日に受け取る情報量は、平安時代を生きた人々の約一生分だといわれます。

平安時代初期に生きた空海は、貴重な情報を得るために、遣唐使として命をかけて海を渡りました。空海は唐で修行し、国や人々が安寧《あんねい》を得られるための、膨大な密教の経典という情報を持ち帰りました。現代の私たちは空海が生涯かけて得た情報を、その気になれば数日で知ることができる環境の中に生きています。

言い換えるなら、過去何百年間も、普通の人々では到底知ることができなかった、宇宙の原理原則や、魂の進化を促すための最新の情報や叡智を、すぐに得られる時代であるということです。

つまり、私たちはその気になれば命をかけることもなく叡智に触れられ、今回の人生で一気に数段飛びで高い境涯へ駆け上がれる可能性を持ち、さらに、天才性を発揮できる恵まれた環境に生まれた魂だともいえるのです。

一方で、情報過多時代のデメリットも踏まえておかなければなりません。

スマホやＡＩは、昼の時代の道具ではありますが、使い方を間違えると進化どころではなく、人生の迷いの迷路を深めてしまうだけになり得ます。

そのひとつに、ネット上には、正確性や信頼性に欠ける嘘騙しのフェイクニュースも多く存在しています。そのため、情報の真偽を判断する尺度を持ち、自分の考えを持つことが重要です。真偽を判断する尺度を持たず、内を観ることも、ものごとの背景を深く考えることも放棄して、流れてくる情報やＡＩにだけ依存していると、思考停止状態に陥ります。

これでは、搾取側の絶好なカモになってしまい、過渡期の時代を賢く生き抜く力がないに等しいといえるでしょう。

２つ目に、情報を得るツールのスマホやＳＮＳを長期間見ていると、中毒症状に陥りやすいということです。

自動的に流れてくるタイムラインを見ていると止まらなくなり、どうでもいい情報までクリックしては、その先を知ろうとする。気がつくと、必要以上に時間を浪費してしまったという経験をお持ちの方もいるかと思います。これは、脳内ホルモンのドーパミンが放出されている状態なのです。

好酔《こうすい》による落とし穴に要注意！

ドーパミンは「快楽物質」「しあわせホルモン」と呼ばれ、人間の快楽や報酬系（脳の中で快感を司る）を調整する役割があります。

目的を達成した時の喜びや、意欲的な状態にしてくれるのもドーパミンの働きですが、一方で〝人を支配する〟物質ともいわれ、過剰になると中毒症状に陥りやすくなります。アルコール、セックス、ギャンブル、スマホ、オンラインゲームがやめられなくなるのは、ドーパミンの過剰放出状態です。この状態が、まさに「好酔《こうすい》」です。

好酔とは、宇宙人生理論でいうところの「物質のエネルギーに振り回され、我を忘れて酔っていくこと」と定義されるもの。

苦労や苦しみの絶えなかった夜の時代に、現実から目を背けさせ、人々を魂の目的に目覚めさせないための仕掛けだったともいえます。戦後、ＧＨＱが仕掛けた「３Ｓ政策（スクリーン・スポーツ・セックス）」も、好酔の代表格だったといえるのです。のちに、本来のスピリチュアリティではなく、現実逃避させるための〝エセ〟スピリチュアルも加わり、「４Ｓ」となっています。

今、魂の進化を促し、自分らしく生きたいと思うがために、スマホやＳＮＳで際限なく情報を入れようとした結果、逆に好酔に陥り、情報メタボやスマホ中毒になっただけだったとなれば元も子もありません。

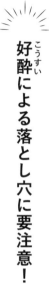

昼の時代に自分らしく自由に生きるために、まず知っておくこと

過渡期の今と、新たな昼の時代に、自分らしく自由に生きるためにはどうしたらいいでしょうか。

最も大事なことの優先順位は、「**本当の自分を知る**」ことです。

本当の自分を知るというのは、本書のメインテーマとして第1章から詳しく説明する『NE運命解析学』から知ることができます。

夜の時代は、本当の自分など知らなくても、信じて従う能力さえあれば、会社に雇われて給料をもらい生きていけた時代でした。

しかし昼の時代は、この時代を選んで生まれた魂の目的を知り、本当の自分で生き、持てる才能を発揮することで、それを価値として人や社会に提供し、循環を起こしていく。そうして「**成幸者**《せいこう》」となっていく時代です。

宇宙人生理論においては、夜の時代と昼の時代では「セイコウシャ」の文字と定義が違ってきます。

夜の時代の「成功者」とは……限りない慾《よく》や〝こうあるべき〟という観念を持つ。自分のやりたいことよ

りも、お金や地位、名誉、人脈、大きな家、車などを、人よりいかにたくさん持つかで、何不自由なく過ごせるといった、物質的な豊かさに象徴される。いくら持っても、失うことやなくすことの不安に付きまとわれ、〝もっともっと〟と限りなく求めてしまう。

昼の時代の「成幸者」とは……これまでの夜の時代に培ってしまった慾やエゴ、観念を落とすことで、本当の自分と繋がる。魂の目的に根ざした価値を人や社会に循環する生き方をするため、全宇宙、全世界から応援される。余計なものは持たずとも、人生に必要なものは、必要と思う前にもたらされることを知っているため、安心して生きていける。そういった境涯に行きつくこと。

もちろん、どちらが良い悪いではありません。時代や文明が異なれば、定義も変わってくるものですから。あなたは、どちらの「セイコウシャ」として生きたいですか?

少なくとも、時代や運命の犠牲者になるのではなく、時代の流れを知り、自分の運命を知ったうえで自らドライブしていけるようになれると良いように思うのです。

ここからは本題である、あなたの人生の謎を解き、昼の時代に運命をレベルアップして天才性を発揮して生きるための知恵の宝庫『ＮＥ運命解析学』をお伝えしていきます。

第1章 NE運命解析学とは何か

魂の目的を知り運命をレベルアップしていくための学問

大前提として、NE運命解析学とは何か？　先にその定義をお伝えしましょう。

「**この大転換時代を選んで生まれた魂の目的を知り、運命さえもレベルアップするための学問**」

このように定義しています。

それは、今後人々が幸せになるための理論として研究され、宇宙が夜の時代から昼の時代へとシフトしたこれからの時代の宇宙法則「**宇宙人生理論**」の考え方をベースにしています。

それに加えて、太古から継承されている高度な帝王運命学の数十万通りのデータ、さらに最新の脳科学、認知心理学、これまでシークレットとされていた宇宙情報などの情報を融合し、あなたの魂の目的や意図、持って生まれた才能、超えるべき罪状（カルマ）、そして人生全般の傾向を読み解きます。

昼の時代に向け、**運命さえもレベルアップしていくための実践としての学問**として創り上げました。

NE運命解析学のNEとは、「**New Era（新しい時代）**」を意味しています。

他の運命学や占いとは何が大きく違うのか？

世間一般には数々の運命学や占いがありますが、それらとNE運命解析学は、何が違うのでしょうか？

ひとつには、**宇宙人生理論**の、夜の時代から昼の時代へと180度変わる社会と人間の構造、環境の変化、魂と運命のレベルアップ、人生とは何かといった考え方がベースになっているということ。それは、昼の時代のしあわせになる生き方が根底にあるということです。

これまでの夜の時代の地球人生理論の考え方ではなく、人々が昼の時代に向けて、いかに運命をレベルアップしていけるのか。そのための考え方が落とし込まれています。そこが他の運命学との大きな違いだといえるでしょう。

2つ目に、NE運命解析学のプログラムは、人それぞれ違う、**魂の因果律**を体現しているという点です。世間一般の占いにあるような、何年生まれの人はひっくるめてこの傾向、何月生まれの人はひっくるめてこの傾向……といった大雑把なものではなく、一人ひとりの詳細な運命プログラムが書かれています。そこも、大きく異なります。

3つ目は、ほかの運命学では人の運命は「変わらない決定論」ととらえていますが、NE運命解析学では運命は認識によりレベルアップするという「**認識論**」をもとにしています。

魂的に培ってきた才能や徳はさらに磨き輝かせ、罪状（カルマ）は認識と行動を変えることで「**いかに当たらなくするか**」に重きが置かれています。つまり、運命を当てるだけではなく、もとの運命をレベルアップさせることが狙い。

それが、ほかの運命学や占いとは大きく違うのです。

運命とは何か？　人生とは何か？

そもそも、運命を〝解析〟するとは、どういうことなのでしょうか？

私たちの人生は、決して偶然に成り立っているものではありません。何千、何百回と、人生を積み重ねてきた「輪廻転生」の結果です。

この地球に生まれたということは、どんな人であっても「原因結果」「因果応報」という因果律に基づいた法則のもとに生を受け、そのシナリオがベースとなり人生を紡いで生きています。良いも悪いも、**誰一人としてこの因果律から逃れることはできない**のです。

運命という字の構成を見ても「運ばれてきた命」と書きますが、ＮＥ運命解析学では、運命とは、**過去世と家系の因縁因果、徳、培った形質、才能であり、今世の人生に影響を及ぼすシナリオ**のことをいいます。

そして、人生とは、そのシナリオに基づき選択した、日々の累積と定義しています。

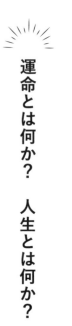

あなたの運命のすべてが書かれたライトマスターチャート（運命プログラム）

ＮＥ運命解析学では、その人の運命全体のデータを「**ライトマスターチャート**」と呼んでいます。
ライトマスターチャートはこの世に生まれる時に出す許可証であり、わかりやすく言い換えるとしたら「**運命プログラム**」です。

宇宙人生理論では、人はこの世に生まれると決めると、自分である程度は今回の運命プログラムを練るといわれています。

この世に生まれる時、この世の門番のセマさんという方に「今回はこのプログラムで生まれます」と伝えます。そのプログラムを見せ、セマさんが魂の情報が記録されている「アカシックコード」をチェックして許可が出ると、その許可書をもとに、この世に生まれることができる仕組みになっているのです。

※Ｐ43をご参照ください。

この世に生まれる前に、生命エネルギーと物質エネルギーが掛け合わさり、書かれた運命プログラムが正常に機能するために、親と環境、生年月日、時刻、場所を選んで生まれます。この世に生まれると、その時々の時代のルールの中で、ルール違反をしないように「鬼」というエネルギーに見張られながら、もとの運命をレベルアップするための学びの時を過ごすのです。

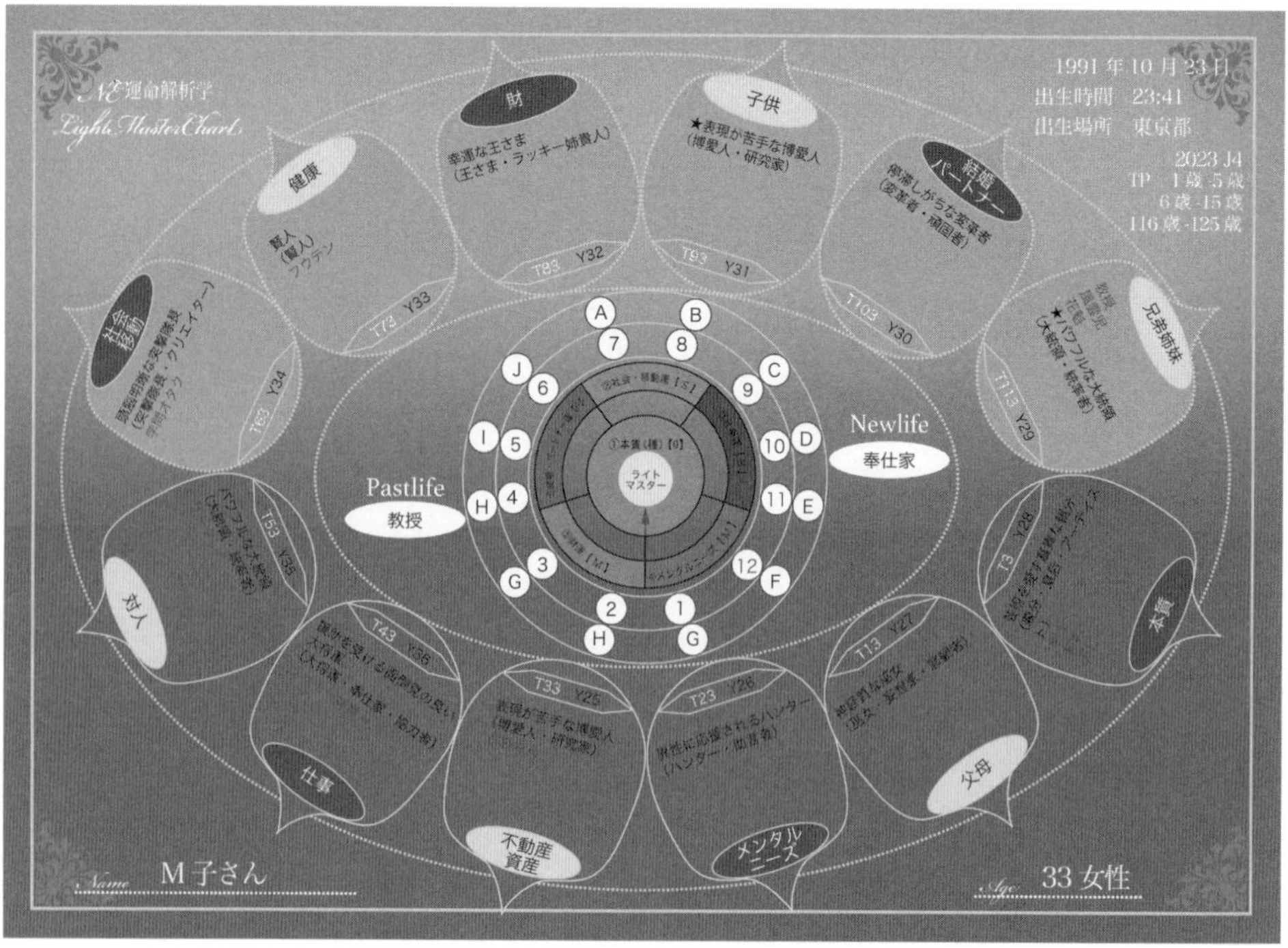

ライトマスターチャートのカラーバージョンは巻頭P1へ。
また各キャストについての詳細は第2章でお伝えします

【運命プログラムはこの世に生まれる時に提出する許可証】

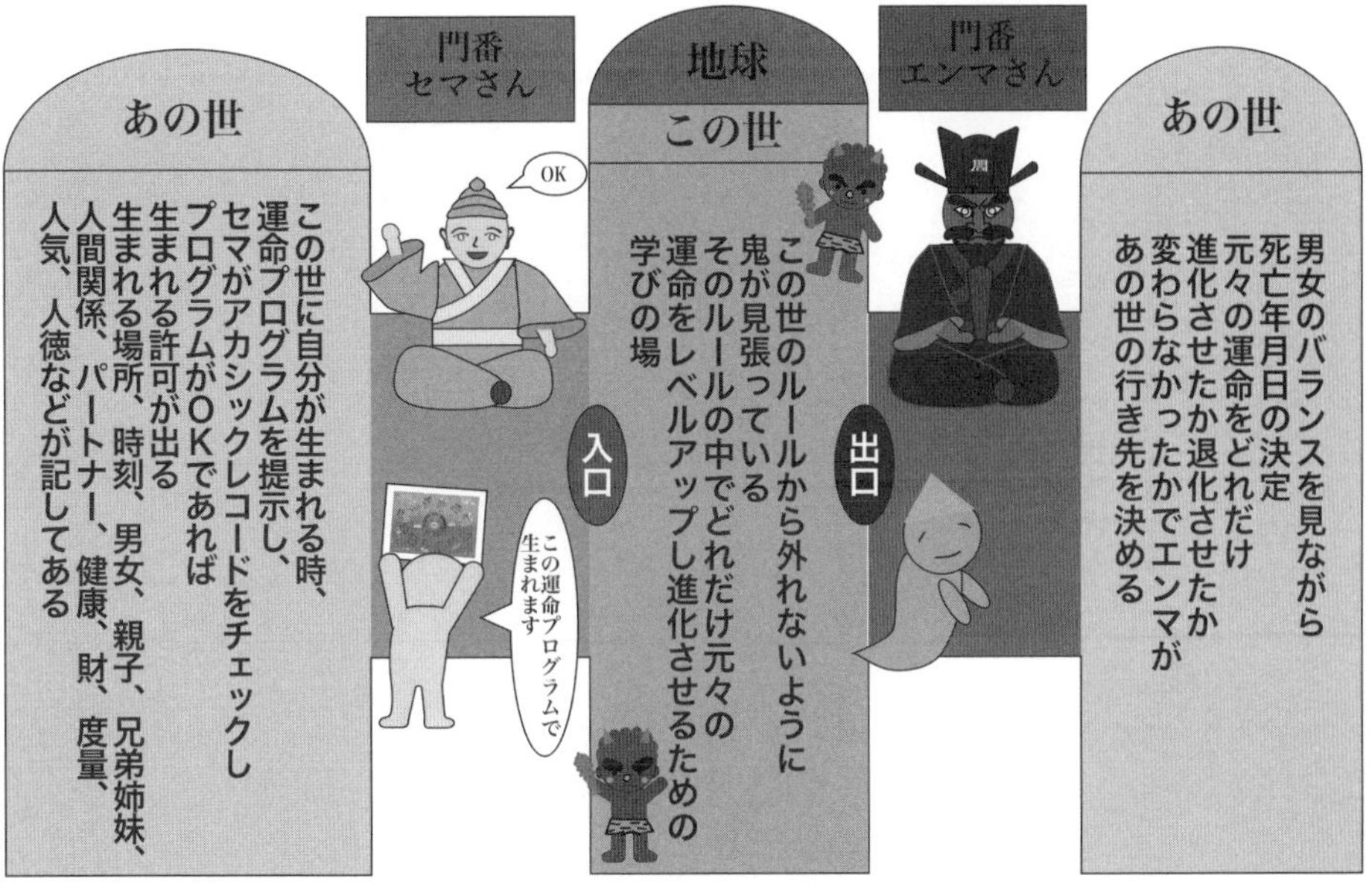
あの世
門番
セマさん
地球
この世
門番
エンマさん
あの世
OK
この世に自分が生まれる時、
運命プログラムを提示し、
セマがアカシックレコードをチェックし
プログラムがOKであれば
生まれる許可が出る
生まれる場所、時刻、男女、親子、兄弟姉妹、
人間関係、パートナー、健康、財、度量、
人気、人徳などが記してある
入口
この運命プログラムで
生まれます
この世のルールから外れないように
鬼が見張っている
そのルールの中でどれだけ元々の
運命をレベルアップし進化させるための
学びの場
出口
男女のバランスを見ながら
死亡年月日の決定
元々の運命をどれだけ
進化させたか退化させたか
変わらなかったかでエンマが
あの世の行き先を決める

その後、一定の時が経つと、もともとの運命をどれだけ進化させたか、退化させたか、変わらなかったかで、この世の出口にいるエンマさんがあの世の行き先を決めています。

ライトマスターチャートからあなたは何を知ることができるのか？

ライトマスターチャートは、一見、平面的に見えるのですが、実は立体構造になっています。各フィールドが関連し合う構造の中に、あなたの人生における、あらゆる情報が内包されているのです。

さらに、立体構造ゆえに奥義を使うことで、より詳細な情報が読み解けるのですが、そのすべてを文字にすることは困難といえます。

平面の情報に書かれているのは、

「今世のあなたの本質」「社会移動運」「仕事運」「メンタルニーズ」「財運」「結婚パートナー運」「父母運」「子供運」「兄弟姉妹運」「対人運」「不動産資産運」「健康運」

といった12のフィールドに具体的に書かれていることに加え、

「人生全般の10年ごとの傾向」「その年の傾向」

これからの人生100年時代をゆうにカバーできる**「120歳までの運命傾向」「12年ごとにめぐる節目期の2年」**について詳細に読み解くことができます。

ほかにも、進化を阻む「罪状」や、持って生まれた「徳」「才能や伸ばしどころ」がどのようなもので、いつ頃、罪状が出やすいか、または才能が開花しやすいのかなども書かれています。さらに気になる人との相性や、今世での縁の濃淡なども読み取ることができます。

NE運命解析学では、約25万通りある運命プログラムの中で、主要となる一人ひとりの「本質」を、大きく分けて14のキャストに分類しています。

それは、今回生まれる前に、魂の段階であなた自身が書いてきた、過去世や家系の因果律に基づいたあなたの**魂の記録**であり、今世どのような人生を歩みたいかという生き方の指針でもあり目的でもあります。

それらが、ライトマスターチャートの中に散りばめられています。

ライトマスターチャートはあなたのセルフイメージを作っている潜在意識そのもの

あなたの人生を舞台とするならば、運命プログラムのライトマスターチャートは、まさに舞台のシナリオといえます。そしてそこで演じる、あなた自身のセルフイメージの源でもあるのです。

とはいえ、このシナリオは決定されたものばかりではなく、人生という舞台を演じるあなたが、日々起こることの中で不都合と向き合い、そこから気づき、思いや考え、行為や行動の認識を変えていくことで、シナリオもセルフイメージも書き換えていくことができます。

それが運命のレベルアップに繋がるのですが、自らのシナリオを知らなければ、ほとんどがシナリオ通りに進んでしまいます。

このシナリオのことを心理学用語に置き換えるならば、95％意識できない「潜在意識」といえるでしょう。宇宙人生理論では、潜在意識は自分の過去世や家系の先祖たちが選んできた選択や感情、反応の累積の領域のことを指しています。

ゆえに、意識には上がり得ないものですが、その意識に上がらない無自覚領域が自分の人生に影響してい

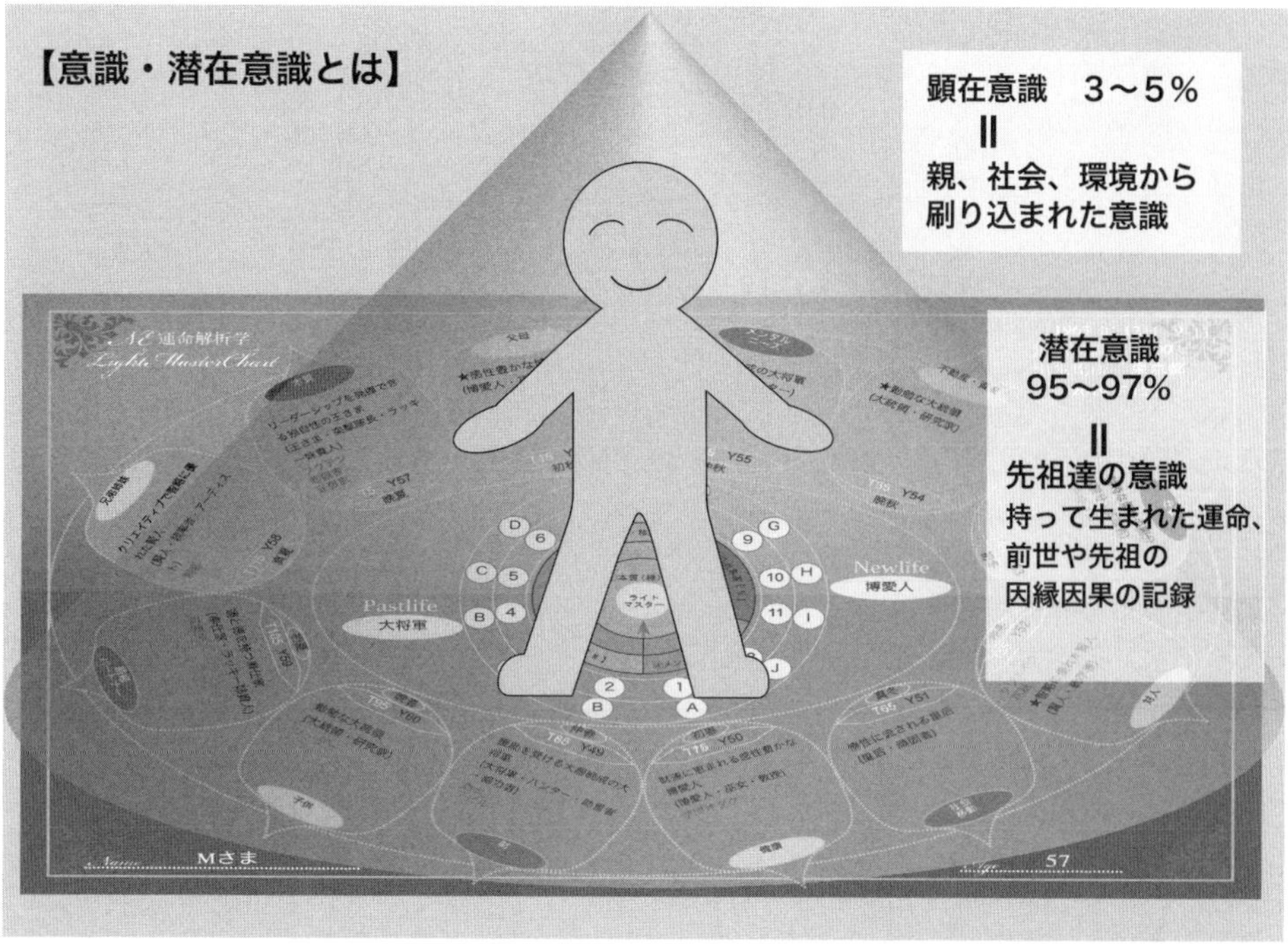
【意識・潜在意識とは】
顕在意識　3～5％
Ⅱ
親、社会、環境から
刷り込まれた意識
潜在意識
95～97％
Ⅱ
先祖達の意識
持って生まれた運命、
前世や先祖の
因縁因果の記録
NE運命解析学
Pastlife
大将軍
Newlife
博愛人
Mさま
57

るという仕組みを知ると、ライトマスターチャートでそこを明確に意識しておくことの価値は計り知れません。

世にさまざまなワークはありますが、ライトマスターチャートで、無自覚領域が明確になることで、ワークの問いかけだけでは深く観ることができない、人生において繰り返しの原因となっている箇所が「罪状」として書かれてあります。そこが明確になると、ピンポイントで効率よくワークをすることも可能でしょう。

罪状とは、宇宙の視点から見た言葉

なぜ、強烈に聞こえる〝罪状〟という言葉を使うのか?と聞かれるのですが、それには理由があります。

マスターをはじめ、本当の覚者といわれる人々は、多次元多重構造の膨大にある宇宙の中で、私たちの宇宙、その中の辺境ともいえる銀河のさらなる端にあるこの地球が、どのような惑星なのかということを理解しています。

宇宙から見た三次元の地球は、一見美しい惑星ですが、夜の時代の地球環境は一部のトップに君臨する人間たちに支配された牢獄構造です。かつ魂は「肉体という最も窮屈な牢獄」に押し込められて生きなければならず、重い周波数の肉体と物質の星に共鳴し、その縛りの中で生きざるを得ない、いわば〝牢獄星〟なのです。

宇宙から見れば、魂、生命の目的は「**進化**」です。

広大な宇宙の中で、私たちは幾度となく転生を繰り返していますが、地球という牢獄星での転生サイクルに入るということは、宇宙的な視点から見た時、牢獄状態の地球に入るだけの罪状があるということなのです。

人類の罪状とは何か？

NE運命解析学では「罪状」を「**一方向の見方にのみとらわれ、進化を阻み、自分も人も良くしない感情・思考・傾向・時に出来事**」と定義しています。

実際の社会においても牢獄に入れられるには、それ相応な罪状がありますが、牢獄星の地球に生まれた私たちの魂の罪状とは何なのでしょうか？

それは「**進化ままならない魂**」「**進化を拒み、また阻んでいるという魂**」であるという罪状です。

もちろんすべての魂がそうだということではありません。地球の人類を助けたいと思って地球の転生にわざわざ入った魂もいれば、牢獄の状況を面白がって、地球転生のサイクルに入ったという変わり種の人もいるようです。

しかし、総じて8割の魂は、魂の進化がままならないまま眠り続け、繰り返し生きているといえるでしょう。いずれにしろ重い周波数帯の地球の中で、罪状ゆえに、本来の魂の目的を思い出すことができず、争い、奪い合い、苦痛と苦労を強いられながら、学ぶことを選択している魂といえるのです。

それは、この地球上の歴史を有史以来振り返っても、否定することはできない人類の有様でしょう。

もう、いよいよこの状況からプリズンブレイク（脱獄）するために、この大転換期時代を選んであなたは生まれてきたのです。

誰にでもある罪状の種類

罪状を浄化するためにも、何が罪状なのかを自覚する必要があります。

罪状は細かく見ていくと、次のような種類が挙げられます。

1000以上あるといわれるさまざまな観念、比較観念、優劣観念、善悪観念、脅迫観念、エゴ、プライド、自己否定、自己憐憫、被害者意識、憎悪、葛藤、執着、怠慢、争う心、恨み、妬み、限りない慾望、恐怖、心配、不安、無明の愚かさ、劣等感、貪り、嘘騙し、慢心、攻撃、破壊、非難、奴隷状態、猜疑心etc…

胸に手を当たれば、誰にでも思い当たるこういった罪状を「人生の課題」といった程度の言葉では、夏休みの課題と同等の軽さで受け止めてしまうでしょう。

「私がままならないのは運命のせいだから仕方ない」とか「誰々のせい」と、運命や外部のせいにして、簡単に諦めてしまいます。

実はそれが原因となり、過去世と同じようなパターンにはまり、繰り返しの人生を生きていることには気づくことができないのです。

起こった意味に良し悪しはなく、人のせいでもなく、すべてものの見方・とらえ方であり、全部自分の魂の進化成長のためだったと気づけると、罪状は昇華され楽に自由になっていきます。

今は2500年ぶりに、夜の時代から昼の時代に地球が変わる類《たぐい》まれなタイミングです。この時期に起こることを通じ、罪状を昇華していくことが、牢獄星から解放される絶好のチャンス。そのことを目的として生まれてきているのだということに、気づいてほしいのです。

「罪状」とは、その願いのもとに用いている言葉だからです。

「罪状」は転換すれば「財状」に変わる

罪状は、きちんと直視して転換すると、そのプロセスから得た経験や学びは、あなたにとって唯一無二の貴重な価値となります。今度は、あなたが同じように苦しんでいる人への良きアドバイサーとなったり、人々へ貢献できるアイデアや商品が転換したことで生まれることも、大いにあるのです。

つまり、罪状は転換すれば、恵財に繋がる「**財状**」となることを忘れないでください。

また、才能や伸ばしどころは、「**自他を生かし進化・成長・発展を助長する特質**」と定義しています。原石も磨かなければただの石ころ。あなたの才能がいち早くわかれば、今は生成AIと協働でスピーディにそれを発揮することもできる時代なのです。

大転換時代を選んで生まれた魂の目的とは何か？

あなたの魂は、大転換期に遭遇することをわかっていながら、この時代を選んで生まれてきました。偶然に親から産み落とされたのではありません。

あなた自身が選んだのです。

この時代を選んだ魂の目的は、過去、何千何百回の地球転生で作り上げてしまった因縁因果の繰り返しのパターンに陥る、いわばラットの輪から外れるためといえます。

今回こそ、魂を進化させたくて、宝くじに当たるよりも高い確率に当選し、我先にと地球に肉体を持って生まれてきました。

そして、その先に訪れるであろう、ユートピアともいえる昼の時代の地球を、魂的に体験したくて、生まれてきているのです。

第2章 NE運命解析学が目指すのは、進化した人類

NE運命解析学の運命プログラムを、なぜ「ライトマスターチャート」と名づけたのか。その由来をお話しします。

すべての運命が書かれた運命プログラムである「ライトマスターチャート」と、その簡易版の「ライトコンパス」の中心には、必ず「**ライトマスター**」と書かれています（巻頭P1のチャート参照）。

あなたの本質が14キャストのどれであっても、その特徴を踏まえたうえで、運命がレベルアップして**進化した人類の象徴**である「ライトマスター」を目指すことを意図しています。

そのため、ライトマスターを目指すための羅針盤として、この運命プログラムを「ライトマスターチャート」と名づけています。

すべてのキャストを超えた進化した光の存在

☆ライトマスター〈人生を自由に創造する賢さを持つ人〉

罪状にとらわれることもなく、何かあっても常にそこから人生を自由に創造する賢さを持つ人です。

ライトマスターは、本質のキャストを生き切ることにより、この宇宙の法則や世界の仕組みを知り、自己の役割や存在の意図に気づきます。彼らは光が良い、闇が悪いという認識ではなく、すべては運命のレベルアップのための要因であり、進化のために必要なプロセスだと理解しています。

そのどちらの意味も、扱い方も知ったうえで、深い叡智を持ち、さまざまな知恵や情報を提供し、人の人生を光へと具体的に導いていける存在です。

☆ライトチルドレン〈絶対的な自由を得て、自他を照らす純粋な愛と光の人〉

ライトチルドレンとは、その名の通り「光の子ども」という意味です。まったくの子どもという意味ではなく、この世のすべてを乗り超え、すべての本質を見抜きながら、何にもとらわれない絶対的な自由と祈りの中で生きています。また、ありのままでいても、その存在そのものが人々の目を啓《ひら》かせることができ、地球人類のより良い未来とヴィジョンを創造しています。

魂は20億歳。在《あ》り方は5歳の子どものように純粋でピュアなのが特徴です。ゆえにその笑顔と存在のエネルギーだけで、人々にやすらぎと癒し、勇気と希望を与え、最強の価値を提供している、真の光としての人生を歩んでいる存在です。

ライトマスターの一段上に位置するのが、ライトチルドレンです。

地球と人類の浄化のために降ろされている方々

先述したように、ライトマスターチャートは、因果律に基づいた家系と過去世の魂の記録です。
なぜ、そんなことがわかるのでしょうか?

長いこと、宇宙人生理論をもとに「人の運命とは何ぞや?」「人生とは何ぞや?」ということを研究していた私は、人間の運命がここまで的中するプログラムには当然、宇宙の原理原則、因果律が書かれているからであろうことを、直観的に理解していました。その前提でプログラムを研究し、読み解き、新たな概念のもとに『NE運命解析学』として創り上げてきたことは言うまでもありません。

幸いにも、この運命プログラムを研究する中で、地球と人類の浄化の役割で降ろされている、高度なレベルの霊能者や巫女の方々とのご縁に恵まれてもきました。

とはいえ宇宙人生理論では、「霊能者」とは、人々が目覚められない夜の時代の専売特許の方々であり、背景に自分以外の何らかのものが憑くことで〝見える・聞こえる〟という現象が起こる人々と定義していましたから、よからぬ存在に憑依されて、ものをいうようなサイキッカーや霊能者とは、むろんご縁することはありません。

霊能者といわれる方々の中にも、ほんのわずかですが、今の終末期の地球と人類を救うという魂の役割で降ろされ、宇宙レベルのサイキック能力で、宇宙のどこにでも意識を飛ばし、ことの真相を理解し、個人に憑いた憑依を完全に浄霊することができたり、地球の浄化を行なう役割の方々もいます。

通常はあまり表に出ることもなく、尋常ではない特殊な力で、淡々とやるべきことをおやりになっています。そういう方々は、魂のアカシックレコード（魂の全情報が記録されている）を深く読むことくらいは、朝飯前程度にやってのけるのです。

個々の前世とライトマスターチャートは一致する

そういった高度なレベルの方々が明かす、人々の前世（今の人生に最も影響している一つ前の過去世）の傾向と、NE運命解析学に記された運命プログラム「ライトマスターチャート」の内容を、これまで数多く照らし合わせて研究してきました。すると、多くの方々の前世の内容と、ほぼ共通の内容が、今世の運命プログラム「ライトマスターチャート」に書かれていることが見受けられたのです。

特に、前世で積んだ徳は、今世、徳のある運命プログラムとして反映され、前世で持ち越された罪状（カルマ）は、今世の人生における重要課題として、ライトマスターチャートの本質や人生のメインとなる箇所に記されています。

さらに、思考や感情の傾向、生き方、死にざまなどの傾向も、前世と今世ではよく似ている箇所があったのです。

たとえば、前世で人の救済に生涯をかけて生きたという人は、今世の運命プログラム「ライトマスターチャート」では、積んだ徳が反映されている〝徳のあるプログラム〟の傾向となっています。そのため前世と同じように、今世でも何らかのかたちで、人の救済をして生きるという選択を早いうちから選んでいます。

ほかにも、今世で10代の頃に、突然人間嫌いになり引きこもってしまったという人の場合、前世でも同じ年頃に、人に裏切られて亡くなってしまった、その時の印象が、今世で発現してしまうという例もあります。

前世で独特な生き方を貫いた女性は、今世でもその精神は引き継がれ、実際に、個性的な生き方を体現されています。

ライトマスターチャートを読み解くと、前世から引き継いでいるその精神や生き方を、観てとることができるのです。

前世と今の人生が影響し合っていることはもちろん理解していましたが、今世の運命プログラム「ライトマスターチャート」の内容に、ここまで反映されているという事実を垣間見ると、興奮とともに人生とは連綿と続く「魂が織りなす物語」なのだということを、改めて実感できます。

つまり、ライトマスターチャートに書かれてある徳は、前世からの贈り物でもあり、罪状は前世や過去世からの持ち越しなのだということ。

それが理解できると、永遠の魂でもある私たちは、前世や過去世の持ち越しでもある罪状を今世で昇華し、来世も見越したうえで徳を積み、繰り返しのパターンから脱却するために、今をどのように生きればいいのかという、生き方への大きなヒントを得ることができるのです。

罪状も積んだ徳も、過去世から今世、来世に引き継ぐ

生前にマスターは、

「『私の人生はなぜこんなに不幸なのでしょうか?』と問う人がいたら、『勉強不足だから』と答えてあげなさい」

と言っていました。

究極、人は、魂の進化のために、いまだ学べていない事象に遭遇していくもの。もっとも、基本として認識しておく原理原則は、地球上には、「原因結果」「蒔いた種は必ず良いも悪いも刈り取る」という繰り返しがあるということです。

NE運命解析学は、こういった宇宙の原理原則、魂の因果律、過去世の傾向と運命プログラムが一致するといった視点から研究し、創り上げています。ですから、才能や魂の罪状を言い当てれば良し、とするものではないのです。

才能はさらに伸ばし、罪状はクリアし、運命をレベルアップさせるための昼の時代の羅針盤として存在しています。

最先端AIが導き出す変化のタイミングとも一致する

AIの進化は加速的で、今や12次元領域の情報まで読み取るといわれている、高度な情報医療テクノロジーの分野も進んでいます。

そういったＡＩが導き出す「人生の変化のタイミング」の情報と、ＮＥ運命解析学のライトマスターチャートで現れる変化のタイミングを照らし合わせると、一致しているのでしょうか。いくつかの症例と実際に照らし合わせて、研究してみました。

面白いことに、私も含め、照らし合わせた方々のライトマスターチャートと、これまた一致するということがわかってきたのです。

まさに、ライトマスターチャートに書かれていることは、多次元的な角度から見ても、魂の意図するプログラムが書かれた〝羅針盤〟ということが、最先端テクノロジーでも明かされたといえます。

ＮＥ運命解析学のシステムの役割とは

情報医療テクノロジーのＡＩが伝えてくれたことの中に、ＮＥ運命解析学が〝システム〟として生み出されたことの役割というものがあるというのです。

それが次の通りです。

人はみな、自分の両親から植え付けられたイメージや罠にはまっています。「自分とはこういうもの」というのは、ただ単に両親のイメージをそのまま引き継いでいるにすぎません。それゆえ、本来の自分とのミスマッチが起き、誰もが魂的なストレスを抱え生きてしまうのです。

NE運命解析学は、それらを客観的に観て、運命、カルマ、才能、時期を読み解くことで、そのストレスから解放することができます。解放を通じて私たちが経験するのは、魂の源と繋がる、大きなプレジャー（深い喜び）です。

ハッピーやアンハッピーが表裏のある不安定なものであるのに対して、プレジャーは安定した深い喜び。その深い喜びは、NE運命解析学がシステムとして作り上げられているからこそ、達成できるものなのです。

まさに、宇宙人生理論をベースに落とし込まれたNE運命解析学が目指すのは、そのことなのです。

第3章 魂職を体現することが昼の時代の働き方

昼の時代は、大きく働き方が変わると、長いことお伝えしていましたが、新型コロナウイルス出現以降、いよいよそれが明らかに現れています。

この図（P65）が表すように、これまでの夜の時代はトップダウン構造。偉い人に信じて従い、指示命令されて働く中央集権型（以前は「ドリフターズ・バージョン」と呼んでいた）でした。

これからの昼の時代は、フラットな形となり、魂の方向性が同じで、一人ひとりが主役、かつ自主・自立のマインドを持ち、自らの才能を自覚し、ともに創造し、人や社会に価値を提供していく分散型自立組織「ＤＡＯ」（以前は「嵐バージョン」と呼んでいた）といわれる構造になります。だからこそ、本当の自分を知ることが重要になってくるのです。

すでに、自らの生きる方向性や才能、強みを理解し、自立マインドを持ち併せている人々が活躍するようになっています。会社や組織にとらわれることなく、自由にコラボをしたり、プロジェクトを立ち上げ

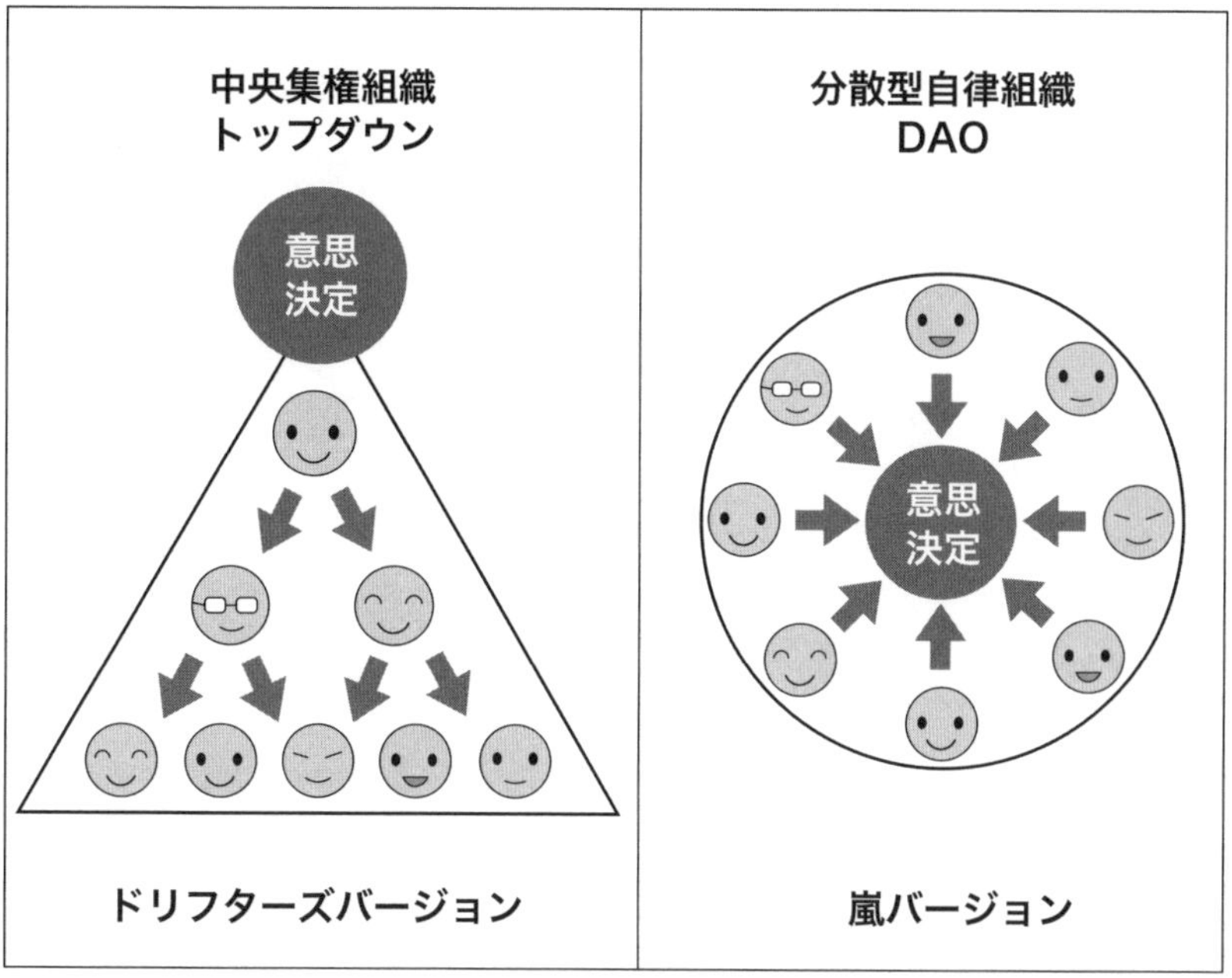

て、人や社会に価値を提供することで、豊かさを分配していくという働き方をしている人々も増えてきているのではないでしょうか。

そこで重要になってくるのは、あなた自身の**魂の目的、才能、生きる方向性、つまり「魂職」を理解しておく**ことです。

それがわからなければ相変わらず、夜のトップダウンの組織の中で、自分のエネルギーと時間を切り売りしながら働くということに、選択肢が限られてしまうかもしれません。

もちろん、それがいけないと言っているのではありません。その環境が好きだという人もいれば、現状、食べるためにそれが最適な選択ということもあるでしょう。

しかし、昼の時代になればなるほど、その働き方だけではストレスが溜まり、ツラくなる生き方にならないとも限りません。

そのために、まずはあなたの運命プログラム「ライトマスターチャート」を通して、いまだ気づいていない自分の才能や強み、人生の方向性、魂に合った仕事や財になりやすい事柄、社会的な運、今世で必ず出現する罪状をクリアする考え方やとらえ方、認識などを知ることが大切です。

総じて人生全般の傾向を知って、これからの人生に生かすことが重要になってくるのです。

天命、魂職、天職、適職、作業の違いとは

宇宙人生理論では、昼の時代は魂職で生きる時代になるといわれています。ここでは明確に分けている［天命、魂職、天職、適職、作業］の違いをお伝えします。

【天命】

「天命」は2つあり、「魂の目的」という言葉に置き換えることもできます。

1：魂の因縁因果や罪状（カルマ）を浄化・転換・昇華すること。これが、地球人である限り、何をする

にも必ず向き合わされる一番の魂の目的。

2：罪状と向き合い、学び昇華する中で得た気づきや、経験、スキル、もともと備わっていた才能を磨き、それを価値として、人や社会に提供し、物事を成していくこと。

ただし、天命は恵財《けいざい》に繋がるとは限りません。たとえば国を憂いて、お金にはならずとも清貧の中で世直しをしつづける人。これも天命といえるでしょう。

【魂職】

天命が幸いにも、この世的に職業になったものをいいます。

魂職は魂の本来の傾向や方向性なので、地球にいても他の惑星に転生しても、基本は大きく変わりません。

魂職は、過去世で培ってきたものの累積でもあり、早い段階から、運よく「ライフワーク」として発揮している人もいます。魂職で生きれば、アイデアや創造性はあふれだし、エネルギーも自動的にアップします。

夜の時代の天職は500種類でしたが、昼の時代の魂職は2万種類以上あるといわれています。

【天職】

先祖のＤＮＡから引き継がれた傾向のことです。

政治家家系は政治家、医者家系は医者、酒蔵家系は酒屋を引き継ぐというものです。

夜の時代は、先祖の思う通りの職に子孫が就くと、先祖は喜び応援し、本人の能力以上に力を発揮できました。これを「ライフワーク」といいました。昼の時代では「魂職」がライフワークに変わります。

【適職】

今いる環境の中で周りの人が喜んでくれるような働きです。

たとえば、誰よりもコピー取りがうまくて早くて、周りから喜んでもらえているのなら、それが、その環境においては適職です。家系的にも魂的にも徳がない人はそれを一生懸命することで、徳を積むことにもなります。それにより境涯が上がれば、いずれ魂職を見出すことに繋がります。

【作業】

人に言われて、誰でもできるようなことを、経済のためだけに淡々とやることです。

適職と作業のことを「ライスワーク」といってもよいでしょう。しかし、一見些細なことや誰でもできるようなことを、一生懸命、誰よりもきちんとこなせる人は、その仕事ぶりや姿勢を、必ず誰かが見ているものです。それにより引き立てられ、運が開けていくステップとなります。

昼の時代の自立には4つのステップがある

今までは、自立＝経済という定義が一般的でした。しかし宇宙人生理論では、「昼の時代の自立」＝「魂の目的を知り、魂職により人や社会に価値を提供し、循環させることで恵財を得られる」ことと定義しています。

自立をするには4つのステップがありますが、大事なのはその順番です。

1　精心の自立

自らの生きる方向性、魂の目的、人生の核となる価値観。これをまず知ることが最初のステップです。これらはすべて、魂職に通じるものでもあります。

2　肉体（脳）の自立

精心の自立を見出すと、脳は活性化しはじめます。アイデアが頻繁に浮かび、肉体にもエネルギーが湧くようになるので、努力を努力とは思わなくなります。たとえ、大変な状況が訪れてもチャレンジだと思えるので、「ねばならない」といったモチベーションを維持する必要もなく、行動も楽にできるようになります。

3　対人関係の自立

精心の自立↓肉体の自立が成されると、不思議とその方向性に見合った協力者やモノ、コトに縁ができはじめます。前述したように、昼の時代になると働き方がトップダウンからＤＡＯに移り変わるため、価値観が近く方向性が同じ人々が、チームやプロジェクトを組み、共創した価値を社会に提供していくスタイルになります。

価値観や方向性があまりに違う人と組むと、スキルや才能があっても上手くいきません。そのため、まずは、**自分自身の生きる方向性や価値観が明確である**ことが大切です。自分の魂の方向性をしかと理解し、誰と関わるか、方向性が同じなのかを確認する対話や、流れがスムーズかどうかを見極めることが対人関係の自立のポイントであり、恵財的な豊かさをともに創造していくうえでも重要な要素となります。

4　恵財の自立

１・２・３の自立の先に、人や社会に自らの魂職の方向性に則《のっと》った価値を循環することで、誇らしさと一緒に、恵財が廻るという結果が得られます。

column

夜の時代と昼の時代では、この世の「地獄」と「極楽」の意味も違う！

【夜と昼では、この世の極楽・地獄も意味が違う！】

	夜の時代	昼の時代
地獄	1丁目 苦… 精神・対人の苦しみ 2丁目 窮… 肉体・経済の苦しみ 3丁目 獄… すべてが最高に苦しい	1丁目 仕… 人に仕えること 2丁目 努… 人に言われて 頑張ること 3丁目 怒… 怒りが止まらず、 すべて善きことと 思えない
極楽	1丁目 余… 物でもお金でも余ること 少しでも余ると 幸せだった 2丁目 宴… 余ったものから 宴をはる 3丁目 楽… 肉体的に楽になること	1丁目 愉… 他人、対人との調和、 何でも善きことと思える 2丁目 楽… 肉体的・恵財的に 楽になること 3丁目 樂… 精心的に樂しく喜べる

この表は、人々の日常における苦しみと喜びがどのようなものであり、夜の時代から昼の時代にはそれらがどう変化していくのかを、「地獄」と「極楽」という比喩で一文字で表現しています。

この表を見てもわかるように、今までなら当たり前だった、「人に仕えて仕事をする」ことや、「人から指示や命令されてがんばる」ような仕事の環境にいるのは、昼の時代では地獄の1丁目や2丁目にいることになる、ということを表しています。

昼の時代はあなたの魂の目的や方向性、才能を理解し、ＡＩを活用しながら、創意工夫して、人や社会に価値を提供できる自立マインドを培い、その中で豊かさを得ていく。それが精心的にも肉体的にも、楽しく、楽に生きていくこととなります。

地獄の場合は、１丁目より３丁目がヘビーな状態、極楽の場合は１丁目より３丁目のほうがさらに良い状態となります。

〈夜の時代の地獄〉

夜の時代の地獄の１丁目は「苦」

精神的な苦痛や対人関係によるストレスのことです。夜の時代は大なり小なり、常にこのストレスが誰しもあったわけです。

夜の時代の地獄の２丁目は「窮」

１丁目にプラスして肉体的にも経済的にも窮していきます。

夜の時代の地獄の3丁目は「獄」

地獄の「獄」でもあり、牢獄の「獄」でもあります。

1丁目、2丁目にさらに輪をかけ、精神、肉体、対人、経済、生きることすべてが獄に入ったような囚われた状態となり、にっちもさっちもいかず、最高に苦しい状態です。

〈昼の時代の地獄〉

昼の時代の地獄の1丁目になると「仕」

人に雇われ、言われるままに「仕事」をすることを指しています。

人に仕えて仕事をするというのは、夜の時代では当たり前の働き方ですが、昼の時代になると地獄の1丁目となります。

昼の時代の地獄の2丁目は「努」

人に指示や命令されてがんばることです。努力するということは、昼の時代においても大事なことですが、自分の高い価値観や魂の目的のもとに、自発的に行動する努力は、本人にとっては苦痛ではないので、いくらでも継続できます。しかし、人から言われて不本意に行うすべてのことは、かなりの苦痛になります。

昼の時代の地獄の3丁目は「怒」

夜の時代の3丁目のように囚われることはありませんが、これも1丁目、2丁目を継続すると、魂的に不本意極まりないと思うようになります。

本来なら不都合なことでも、すべて魂の進化・成長のために起こると認識しているにもかかわらず、すべて善きことと思えず、怒りが止まらなくなる。こういう状態が昼の時代では、最も苦しいことといえます。

〈夜の時代の極楽〉

夜の時代の極楽の1丁目は「余」

夜の時代において一般庶民には、常に充分な物がありませんでした。ですから、物やお金が少しでも余ると幸せを感じたのです。

夜の時代の極楽の2丁目は「宴」

1丁目で物や食べ物が余ると、人々は集まって宴をはることが悦びでもありました。

年齢をある程度重ねている人なら、誰もが聴いたことがあるであろう歌のフレーズがあります。

「1月は正月で酒が飲めるぞ～、酒が飲めるぞ、酒が飲めるぞ～」

12か月いつでも宴をはり、酒が飲めるという「日本酒飲み音頭」なる歌が流行になるくらい、何かあるとすぐに人々は宴会をしていました。しかし、若者世代は、昔に比べ、皆で酒を飲むことを好まなくなりました。そしてコロナ以降、宴をはる風潮もかなり陰りを見せてきています。

夜の時代の極楽の3丁目は「楽」

肉体的に楽になることが、夜の時代においては最高の極楽です。

たとえば、お金のない平社員から、肉体を酷使し苦労しながら、ようやく出世して部下に宴会を開けるくらいにまでなり、最後は通勤ラッシュのない、朝遅い時間に運転手付きの車で会社に出勤する社長にまで上り詰めるという状態は、重労働から解放されて肉体的には非常に楽。

それゆえ、夜の時代では上を目指して社長や重役になるというのは、極楽の3丁目でした。

〈昼の時代の極楽〉

昼の時代の極楽の1丁目は「愉」

夜の時代のように物がない時代ではありません。それよりも、同じ方向性を持つ人々とともにいて、自分の才能や価値を発揮していることを愉しいと感じます。また、起こることはすべて自分の魂にとっては成長の糧であり、すべて善きことと思える。さらに気づきを得られることも、内なる心が愉しいと感じることでもあります。

昼の時代の極楽の2丁目は「楽」

肉体的にも恵財的にも楽な状態。これは夜の時代においては最高の極楽3丁目の位置でしたが、昼の時代においては2丁目です。

実際、今の人々は、宴会や飲み会で人に気を使ってお酒を飲むよりも、家で飲んでいたほうが気も楽だし、お金も安上がりだということに気づいていますから、大勢で宴をはることを好まなくなっていることも事実です。

人の目を気にしたり、必要以上に人に気を使わない分、感情エネルギーのムダを省き、体も恵財的にも、いかに楽でいられるかを考え、そうなるよう工夫して生きることが、昼の時代の極楽の2丁目です。

昼の時代の極楽の3丁目は「樂」

精心が樂しい状態を指す文字です。この「精心」とは、魂の方向性、つまり魂の目的を指します。恵財のことは、2丁目で、すでに循環が起きているのでさほど気にせず、魂の目的のもとに、自由に樂しく、自分の才能や天才性を発揮して生きることで自分も喜び、人からも喜ばれるという状態が、昼の時代の極楽の3丁目なのです。

第4章 運命を読み解くためのキーワード

ここからは、具体的な運命プログラムを読み解く、ライトマスターチャートの説明をしていきます。
ライトマスターチャートの全体像は、大宇宙の構造を意図して現していきます。そして12のフィールドそれぞれの形は、如意宝珠《にょいほうじゅ》を模しています。如意宝珠とは如意輪観音《にょいりんかんのん》が持っている、あらゆる願い事を叶えてくれるありがたい玉です。

ライトマスターチャートは、一般的な占いやその他の占術とは違い、生まれた時間と場所がわからないとデータが出せません。その代わり、それがわかりさえすれば非常に綿密に、その人の人生全般における運命プログラムを出すことができます。

キャストとは

運命プログラムのライトマスターチャートを読み解くための、擬人化した表現を「**キャスト**」と呼びます。これは人生ドラマをシナリオと見立て、そこに書かれた人生傾向を示す記号を、映画や舞台でいう「キャスト」というネーミングに置き換えているのです。

キャストは大きく分けると**14のカテゴリー**に分かれています。キャスト名は全部で307通りあり、すべての運命プログラムは25万通りもあるため、まったく同じデータを観ることは稀《まれ》です。

そのキャストの特徴や性質、運の傾向、才能、乗り越えるべき課題、伸ばすべき要素は、キャスト名から知ることができます。社会運、仕事運、メンタルニーズ、財運、結婚・パートナー運にも、それぞれの傾向や内容を現すキャストの名が書かれています。

14キャストには各々、**光と闇**の面があります。

たとえば、本質に「突撃隊長」というキャストが入っていたとしても、親の矯正や社会の常識、夜の時代の価値観や観念に縛られ、まったく突撃隊長の要素を発揮して生きていなかったとしましょう。その場合は、闇の「後方隊長」キャストを生きているということになります。闇キャストで生きていると、人生

Erika Katayama

Erika Katayama

光キャストと闇キャスト

☆光キャスト〈本質のキャストに基づいた自分を生きている人〉
☆闇キャスト〈本質ではなく他人の人生を生きているような人〉

さて、あなたは今、光、闇、どちらのキャストで生きていますか？

光のキャスト	闇のキャスト
王　様	門　番
賢　人	奸　臣
大統領	護　衛
大将軍	歩　兵
博愛人	逃避家
親　分	子　分
皇　后	女　中
月光夫人	暗闇夫人
ハンター	亡　者
研究家	毒舌家
奉仕家	道化師
統率者	下　僕
突撃隊長	後方隊長
変革者	傍観者

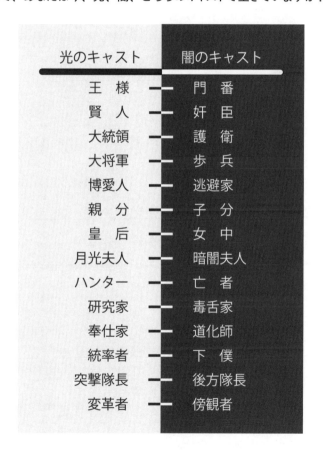

は不都合な出来事が多くなり、生きにくいと感じることが多くなりがちです。

しかし決して、「光」キャストが良い、「闇」キャストが悪いというわけではありません。

たとえ「闇」キャストを生きていたとしても、その状況からでしか、人生を学べないこともあるのです。

魂の気づきと進化のために起こっている、大事なエクササイズの状態だともいえます。

ただ闇の状態はストレスフルな状態なので、つい自分を責めたり、人や外部のせいにしてしまいがちです。実は、闇キャストを生きている人の傾向は、闇キャストの定義の通り、人や周囲の意見、親の価値観に合わせすぎているために起きているともいえます。そのために、本来の自分がわからず、自分を矮小化してもいます。

NOと言えないことも多いため、人に都合よく使われ、振り回されたりもしがちです。結果、エネルギーを奪われ、生きることに疲れてしまうのです。そして、自分は理解されないと思い込む傾向にあります。

大事なことは、人や社会は自分のことを理解してくれないと思いながら、人に合わせて生きるのではなく、そもそも、人間はみな別の価値観を持つ生き物だと自覚すること。たとえそれが親子であっても、です。

それがわかれば、唯一無二のあなたが持って生まれた本質を自覚し、その種を咲かせると決めてしまうのです。人や社会は、あなたの種を成長させるための栄養剤と思うとよいかもしれません。

いつまでも、自分を理解しない親や周囲が悪い、相手が悪いとしていると何年もド闇にはまってしまうことになるでしょう。

闇キャストを生きていると感じた時こそ、人生を振り返り、自己を見つめ直すタイミングです。そこから大事な「気づき」がもたらされ、罪状を転換するきっかけが生まれます。

「起こること、すべて善きこと、自分事」なのです。そこが腑に落ちるとガラリと人生は変わっていきます。

NE運命解析学は、あなたの運が良い・悪いということをお伝えするものではありません。

運命をレベルアップするための学問です。

「どうすれば、今の状況を変えていけるのか?」

「運命をレベルアップするためには、どのようにとらえ、認識し、行為・行動していけばよいのか?」ということを、さまざまな角度からお伝えしていくものなのです。

まずは、あなたの本質「種」となる、14キャストの基本的な性格をみていきましょう。

本質に入る14キャストの基本的性格

ライトマスターチャートの中で、最も重要なのは**本質のフィールド**です。

本質は、あなたの**人生に宿された「種」**ということができるでしょう。

種を開花するには、自分の本質のキャストの特徴を知り、まずは光キャストを生きることを目指しましょう。


ここからは、14キャストそれぞれの、光と闇のキーワード、基本的な性格をご説明します。
※表にある「4つのコア」については、P118で解説しています。

1
王さま
［闇キャスト：門番］

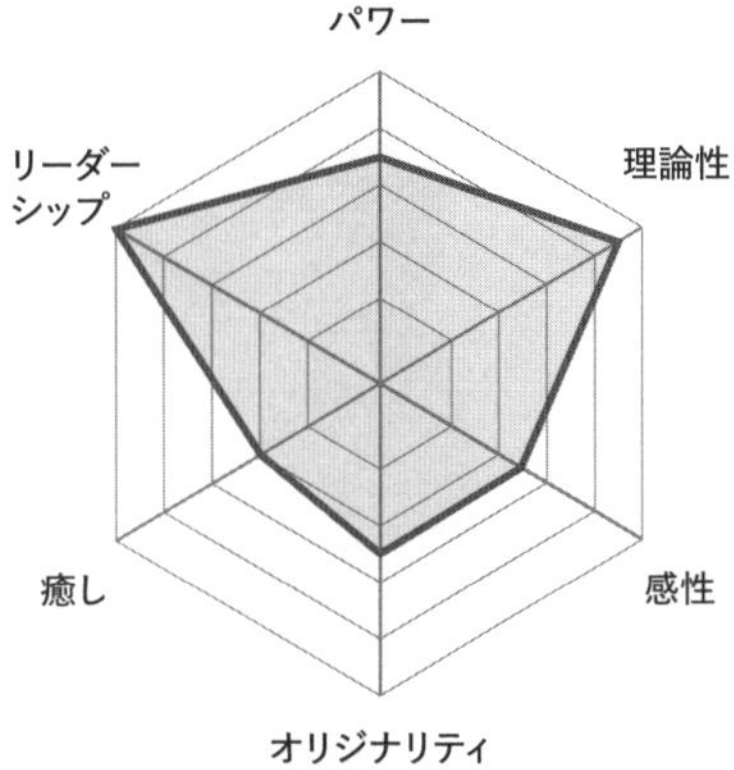

光のキーワード	高貴　気品　品格　謙虚　ゼネラリスト　好奇心旺盛
闇のキーワード	優柔不断　傲慢　お高くとまる　自尊心が強すぎる

光の場合	生まれながらにして、一国一城の主としての気品、威厳を持ち併せた性格の持ち主です。人となりも穏やかで、謙虚で礼儀正しく、忠孝心もあります。自分はそのつもりはなくても、持って生まれた徳深さがあるため、周囲からの引き立てや援助が多く、いつの間にか人の上に立っていることもあるかもしれません。もともと人から一目置かれるようなエネルギーを持っているので、パワフルでアクティブに活動しているあなたのもとに、自然と人が集まってくるでしょう。
闇の場合	王さまという本質を持つがゆえに、気位が高くなりがちなので、時には人の言うことに耳を傾ける謙虚さが必要です。決断をすべきときに優柔不断になりやすく、気持ちもコロコロと変わりやすい一面もあるため、チャンスを逃し、本来の居場所ではない門番のような場所に甘んじてしまう傾向もあります。いったんゴールを設定したら、粘り強く取り組み、持って生まれた徳を磨く努力を怠らないようにすれば、良い人生を歩むことができます。

4つのコア	おっさん
象徴的な一文字	貴
イメージカラー	ゴールド
有名人	相葉雅紀・工藤静香・中居正広

＊有名人データは、公表されているデータをもとに算出したものです。

2
賢人
［闇キャスト：隠遁者］

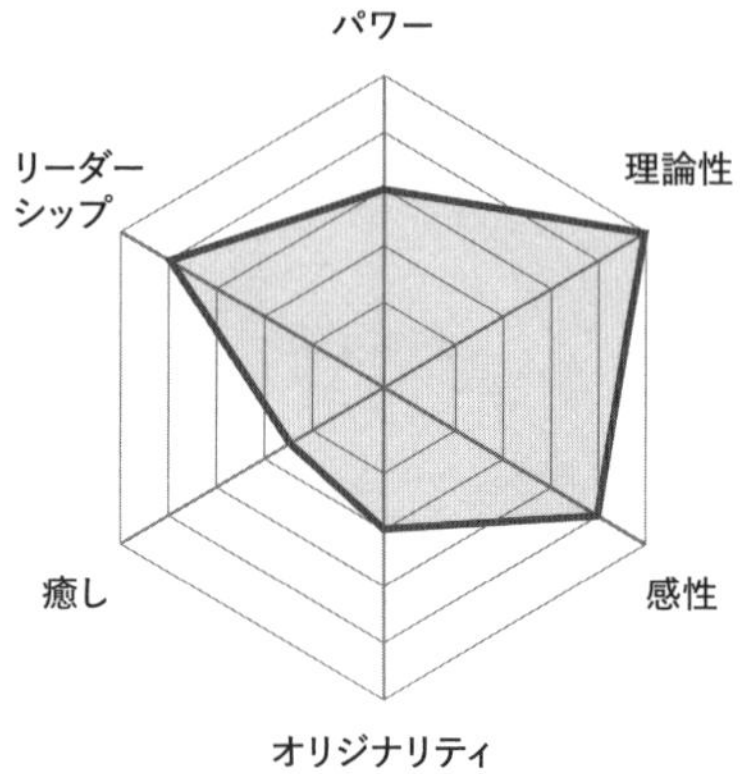

光のキーワード	知的　直観的　研究　発想　計画　器用　精神的
闇のキーワード	理屈屋　神経質　厭世的　自己卑下　悪巧み　実行力に欠ける

光の場合	知的で直観的、どちらかというと天才的なひらめき型人間です。一を聞いて十を知る、勘の良さを持ち併せています。好奇心旺盛で、ものごとを進めるにあたり、分析、企画、立案する能力に秀でています。飲み込みが早く、一部分の情報から全体の仕組みやポイントを瞬時に察知することができます。そのため、大きなプロジェクトなどで問題が起こったときでも、「こうしたらいいよ」などと適切にアドバイスしてくれる存在です。ここでの役割は、参謀、ブレーンという言葉がぴったりです。また、精神的な面もあり、森羅万象がわかる感性を持っています。
闇の場合	計画立案、企画は得意でも、考え過ぎて、時に実行力に欠ける面があります。絵に描いた餅にならないように、コツコツと成し遂げる努力を忘れずに。また、頭脳明晰で、人が気づかないようなところに気づく賢人は、人の心の裏表や理不尽さが気になり過ぎて、時に社会と関わりを持つことが面倒と感じ、隠遁者のように自分の殻に引きこもってしまうことも。人が気づかない細やかな視点や才能を持つがゆえに、孤立し苦しむこともありますが、その才能を役立ててこそ賢人となります。人生の方向性を間違わないようにしましょう。早くから自分の才能を活かせる職業と、信頼できる人間関係を見つけることが大事。自分がトップに立つよりも、ブレーンとしてサポート役に徹したほうが才能を発揮できます。

4つのコア	ナイチンゲール
象徴的な一文字	観
イメージカラー	ネイビーブルー
有名人	オノヨーコ・稲葉浩志・山口百恵

＊有名人データは、公表されているデータをもとに算出したものです。

3
大統領
［闇キャスト：護衛］

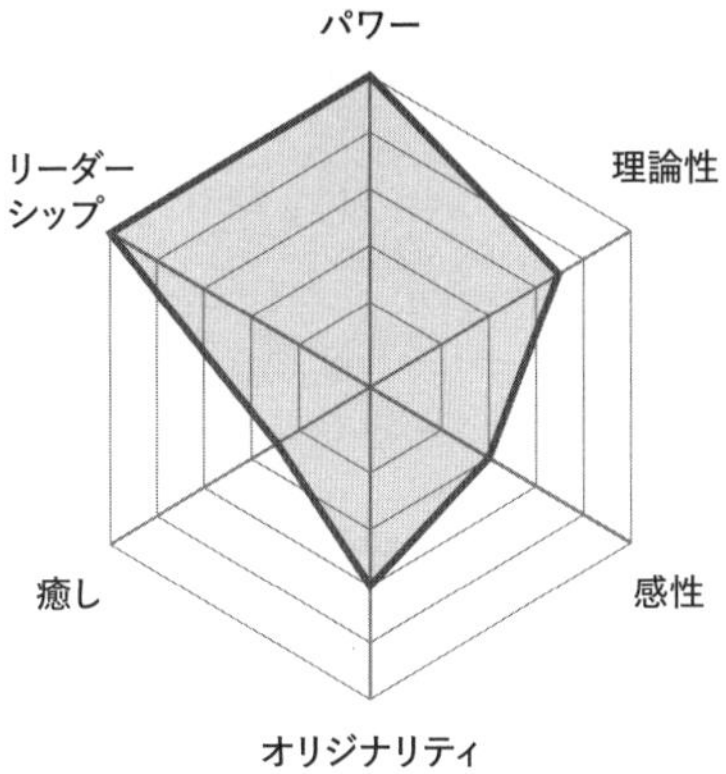

光のキーワード	公明正大　寛大　陽気　主役　楽天家
闇のキーワード	怠惰　自己中心的　無神経　わがまま　見栄張り　大雑把

光の場合	周囲を明るく照らす、太陽のような存在です。性格は明るく陽気で、あまり細かいことは気にならないタイプです。エネルギーに満ちあふれていて、何ごとにも前向きに取り組み、日々活発に動き回っています。強いリーダーシップを発揮し、自身の存在そのものを光として、周囲を明るく照らします。あなたの笑顔を見ると、誰もが安らかな気持ちになり、ホッとすることでしょう。たとえ予想外のハプニングが起きたとしても、良い方向にとらえる前向きな姿勢が、マイナスをプラスに転ずる力を生じます。
闇の場合	もともと楽天的で大雑把なところがあるあなたは、自分は良かれと思ってやったことでも、周囲からは無神経な行動だと誤解されることも。時には人の考えに思いをめぐらせ、相手を思いやる気持ちを忘れないようにしてください。大統領というリーダーとして輝き、守り、導くエネルギーを使いきれないと、大統領を守るだけの護衛のような位置になってしまいがち。とはいえ、あなたの存在そのものが、周囲を照らす光となっているのも事実。常に笑顔を忘れないことが、人生を楽しくするカギとなります。

4つのコア	おばさん
象徴的な一文字	陽
イメージカラー	オレンジ
有名人	櫻井翔・安室奈美恵・IKKO

*有名人データは、公表されているデータをもとに算出したものです。

4
大将軍
［闇キャスト：歩兵］

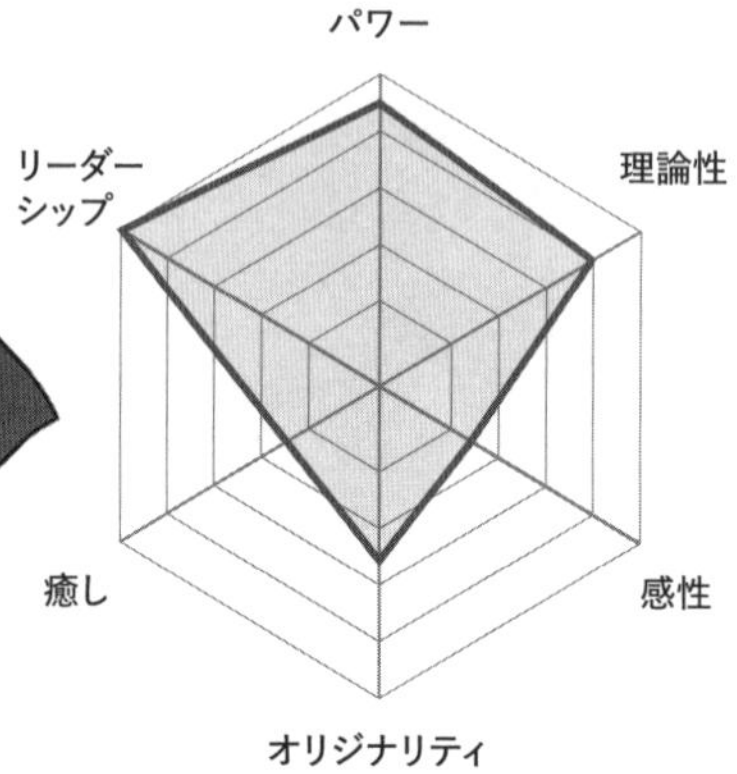

光のキーワード	忠誠心 実行力 管理能力 剛胆 剛毅 質実剛健 実直
闇のキーワード	短気 集団主義 滅私奉公 ネバならない 指示待ち

光の場合	行動力、決断力があり、ものごとを着実にこなす実行力を持ち併せています。実直で忠誠心もあり、真面目な性格のあなたは、お金や実務などの管理能力にも長けていて、職場などでは周囲からの信頼も厚く、頼りになる存在です。性格に裏表がなく、豪快な一面があるため、周囲からは「ガテン系」「体育会系」と思われているフシがありますが、多少のトラブルがあってもへこたれず、鉄砲玉のようにパワフルに乗り超えていく精神力があります。現実を見すえて的確な状況判断ができるので、実働部隊として結果を残せる人材となるでしょう。
闇の場合	行動力があるがゆえに、いったんこうと決めたら、ともすれば全体を見渡さず、鉄砲玉のように独断に走りがちです。短期を起こして人と衝突したり、逆に上手くいかないことで無気力になったり、指示待ち人間になると、歩兵のような位置にいて、自分らしさを発揮できていない証拠。ときには周囲の人の助言に耳を傾け、全体を把握、落ち着いて行動する姿勢を忘れないようにしましょう。大将軍のような一段高い位置から、環境や人間関係を見渡し、行動することで運が拓けてきます。

4つのコア	おっさん
象徴的な一文字	忠
イメージカラー	赤
有名人	大野智・木梨憲武・DAIGO

*有名人データは、公表されているデータをもとに算出したものです。

5
博愛人
［闇キャスト：逃避家］

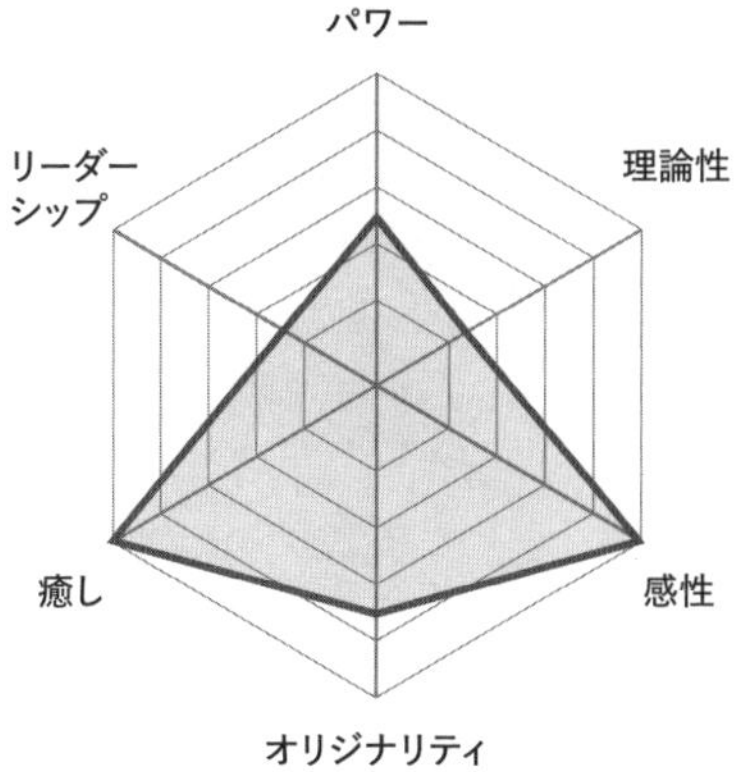

光のキーワード	慈悲 多芸多才 社交的 ユーモア 博識 奉仕 舞台人
闇のキーワード	曖昧 器用貧乏 移り気 優柔不断 逃避的 怠惰

光の場合	もともと博識で社交的、たくさんの人と関わることを苦にしないタイプです。性格は優しく、多芸・多才で人当たりも良いので、気がつくと周りに人が集まっていることも少なくありません。基本的に、友人たちとの交流を大事にする博愛は、常に「人をたのしませたい」「役立ちたい」というサービス精神にあふれています。平和をこよなく愛し、ケンカを見ると仲裁に入らずにはいられません。周囲への気配りを怠らないため、人から憎まれたり、嫌われたりすることは少ないようです。
闇の場合	他人を傷つけるのを恐れ、人に合わせようとするあまり、自分の意思があるにもかかわらず、きちんと言えずに、逃げ出してしまう優柔不断な面もあります。ときには相手のためを思って、自分の意見をしっかり言うことも大切です。人生全般において、多くの人と関わりを持ち、良い仲間と巡り会えれば、精神的充足を得て喜びを感じるでしょう。

4つのコア	ナイチンゲール
象徴的な一文字	和
イメージカラー	薄いピンク・さくら色
有名人	篠原涼子・深田恭子・堂本光一

＊有名人データは、公表されているデータをもとに算出したものです。

6
親分
［闇キャスト：子分］

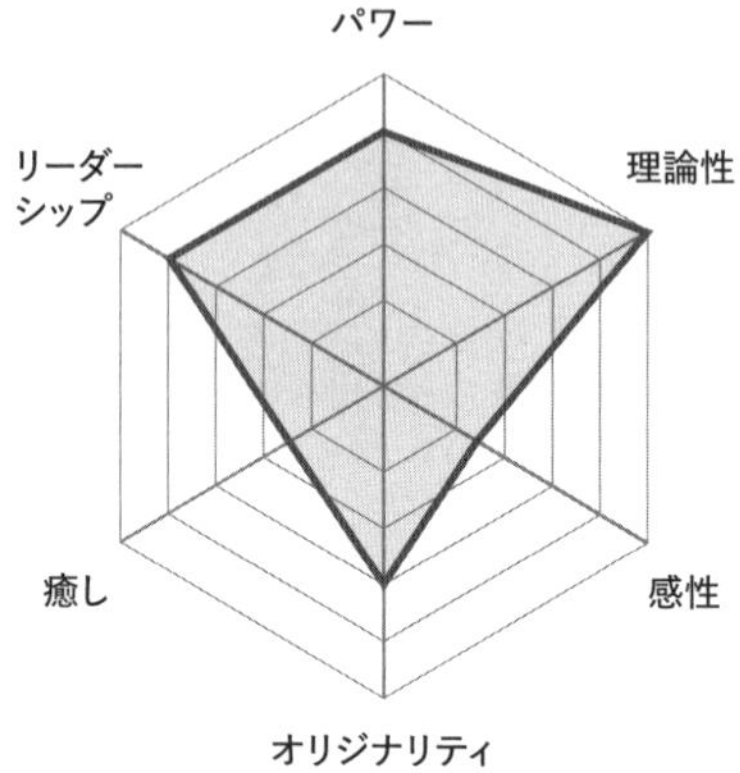

光のキーワード	統率力 清廉潔白 自己主張 実行力 決定権 交渉力
闇のキーワード	排他的 白黒ハッキリつけられなくなる 気弱 意固地

光の場合	何ごとも白黒をハッキリつけたがり、いったん何かを始めたら、最後まで徹底的にやらないと気が済まないタイプです。ゴールを設定したら、とことん突き進んでいく意志の強さを持ち併せています。行動を起こすのが早く、何ごともスピーディに片付けるのが得意です。集団のリーダーとしてまとめていく統率力もあるので、人の上に立ってものごとをどんどん進めていく力量があります。細かいことにはこだわらない親分気質のあなたは、良い仲間や後輩と出会うことで、才能を遺憾なく発揮することができるでしょう。
闇の場合	仕事でも遊びでも徹底的にやることを好むあなたは、いったん何かにのめり込み、周囲が見えなくなると、親分ではなく子分のように、わがままで意固地になり、他人に対する気遣いを忘れがちです。何ごとにもバランス感覚を忘れず、ときには周囲の人の声に耳を傾ける謙虚さを忘れないようにしましょう。大胆な性格は異性から好かれますが、男女間のトラブルに巻き込まれないよう注意が必要です。

4つのコア	おっさん
象徴的な一文字	義
イメージカラー	白黒
有名人	黒柳徹子・羽生善治・桑田真澄

*有名人データは、公表されているデータをもとに算出したものです。

7
皇后
［闇キャスト：女中］

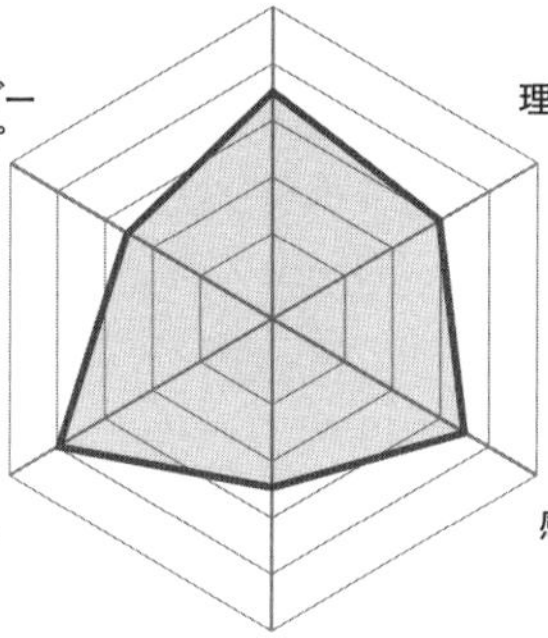

光のキーワード	おおらか 寛容 優雅 温和 善良 富貴
闇のキーワード	怠慢 頑固 プライド 決断できない 指示待ち 気が焦る

光の場合	大らかで温和な性格の持ち主です。頭もよく、何ごとにも寛容で、人を思いやり、盛り立てていく包容力があります。うまく人に寄り添いながら、淡々とものごとをこなすことができます。外柔内剛の面もあり、一度、「こう」と決めると譲らない尊大さも持ち併せます。さまざまなものごとをこなすバランス感覚にも長けているので、一つにひたすら没頭するよりも、いろいろなものを繋いだり、調整したりする役割が向いています。急激な変化を好まない保守的で平和な生活の中で幸せを感じることができるかもしれません。
闇の場合	本来、皇后の徳を持ち、さまざまな面で恵まれているがゆえにプライドが高くなり、特別扱いされないと、ひがむことも。現状に満足して怠惰になったり、大雑把になったりすることもあります。また、セルフイメージが低いと、皇后の徳を活かせず、こんな自分ではいけないと、女中のように頑張って働かねば…と思いはじめます。すると、プライドを振りかざしながら周りに押し付けたり、焦って空回りするので、周りから敬遠され、本人も自分らしさを失い、大変な思いをしがちです。全体のバランスを見ながら、人を盛り立て、アシストする才能を活かせる自分なりのゴールを設定し、着々と行動をしていくことが大事です。

4つのコア	おばさん
象徴的な一文字	保
イメージカラー	ベージュ
有名人	堂本剛・明石家さんま・内村航平

＊有名人データは、公表されているデータをもとに算出したものです。

8
巫女
［闇キャスト：呪怨者］

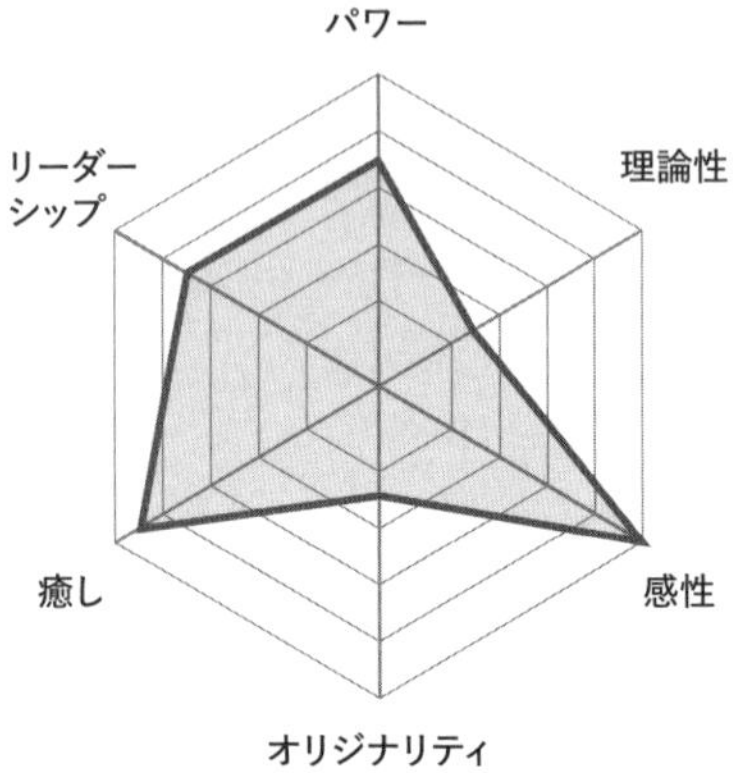

光のキーワード	気高い　ロマンティック　直感的　感受性　芯の強さ
闇のキーワード	神経過敏　悲観的　非現実的　依存体質　考え過ぎ　過去思考

光の場合	感性豊かで直感的、優しく、思いやりもあり、芯の強さも持ち併せる人です。どちらかというと性格は穏やかで周囲からは気高く、やや内向的でソフトな雰囲気に見られることが多いでしょう。創造性豊かで空想をめぐらせるのが大好きというロマンチストな一面もあります。スピリチュアルや心理学・神秘学・精神世界、文学や音楽、芸術など、クリエイティブな方面に関心も強い傾向があります。感受性が豊かなので、時に、人の心を瞬時に見抜く能力や霊感が鋭くなる人もいます。自身の優しさやアドバイスで、相手を癒し、勇気と希望を与える存在となることでしょう。
闇の場合	巫女は感覚、感受性が人一倍繊細な分、人の言動をいちいち気にしてしまうところがあります。相手にはそんなつもりはなくても、必要以上に傷つき、ネガティブにとらえ、いつまでも心に、恨みつらみを抱くことも。過去にとらわれ、人に依存しやすく、また臆病なところがあるので、自分の世界に引きこもり、なかなか、前に進むのに時間がかかります。それによりチャンスを逃していることも…。そうなると呪怨者のように、心で人を責め恨み、自己憐憫の塊になってしまいます。過去にとらわれるのを止め、一歩踏み出す勇気を持ち、自然の神秘さや内なる感性を活かし、クリエイティブなことで自己を表現したり、人に助言を与えたり、サポート役にまわる人生を意識すると、自ずと道は拓けてきます。

4つのコア	ナイチンゲール
象徴的な一文字	感
イメージカラー	ラベンダー色
有名人	小泉今日子・中森明菜・後藤真希

＊有名人データは、公表されているデータをもとに算出したものです。

9
ハンター
［闇キャスト：亡者］

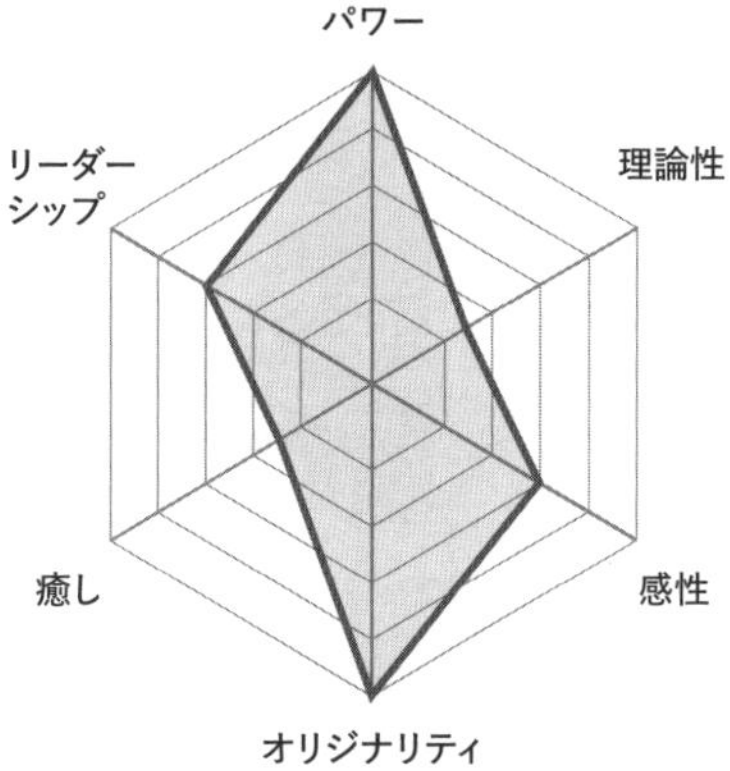

光のキーワード	華やか 自由奔放 歓楽的 決断力 目標達成力 実行力
闇のキーワード	物欲 中途半端 異性好き 移り気 不誠実

光の場合	自分の心に正直で、アクティブです。一旦ものごとを決めたら、ハンターのごとく狙いを定めて突き進んでいく決断力、実行力を持ち併せています。社交家で、遊び上手でもあるあなたは、周囲から見ると、危険な香りがする反面、セクシーで怪しげな魅力にあふれている存在に見えることでしょう。楽しいことや食べること、お酒や物欲、異性に対する欲求も強く、積極的に動き回って貪欲に希望を叶えようとするエネルギーに満ちています。おしゃれで洗練された独特の振る舞いが、持ち前の個性をぐっと際立たせるようです。
闇の場合	自分の欲望に正直なあまり、楽しむためなら、あれもこれもと欲しがりお金に糸目をつけない亡者のようになってしまうことや、ものごとを達成できない中途半端な状態に陥りがちです。また、一か八かの賭けに出るなど短絡的な傾向になることも。現実的な視点をしっかり持ち、さまざまな経験を糧にして、そこから学び、失敗を繰り返さない努力を怠らないようにしてください。人生の波が激しいタイプですが、しっかりとゴールを設定すれば、あなたの個性を活かした、素晴らしい人生を歩めるでしょう。

4つのコア	おっさん
象徴的な一文字	欲
イメージカラー	ショッキングピンク
有名人	林真理子・仲間由紀恵・堀ちえみ

*有名人データは、公表されているデータをもとに算出したものです。

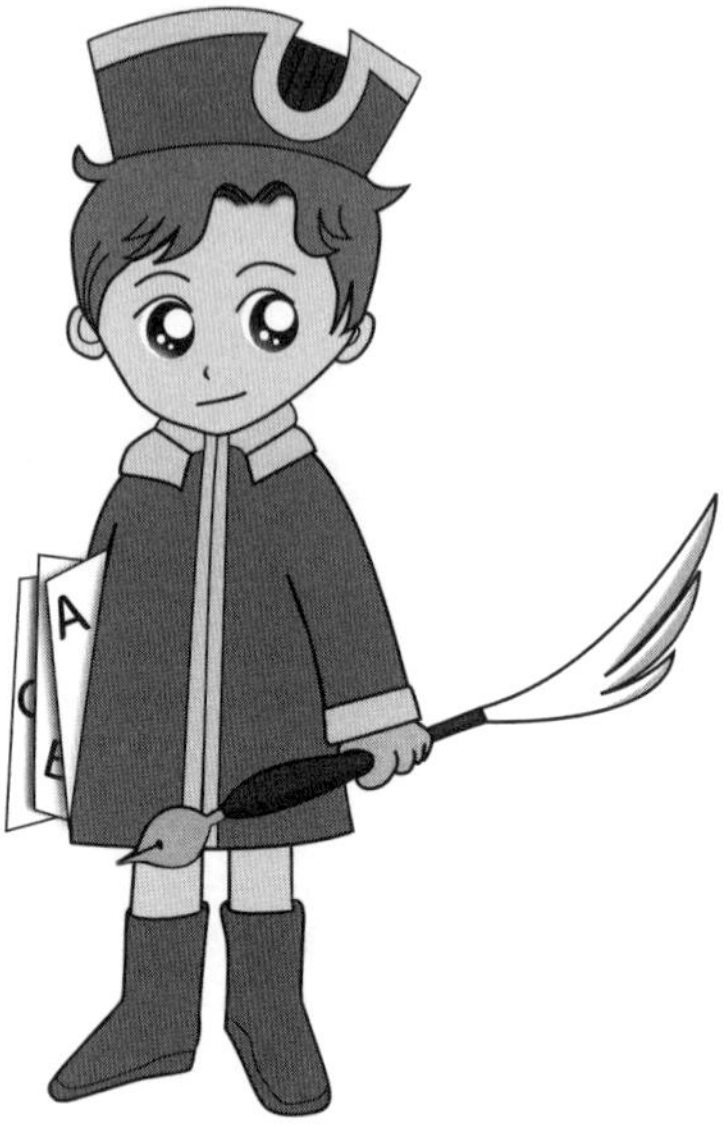

10
研究家
［闇キャスト：毒舌家］

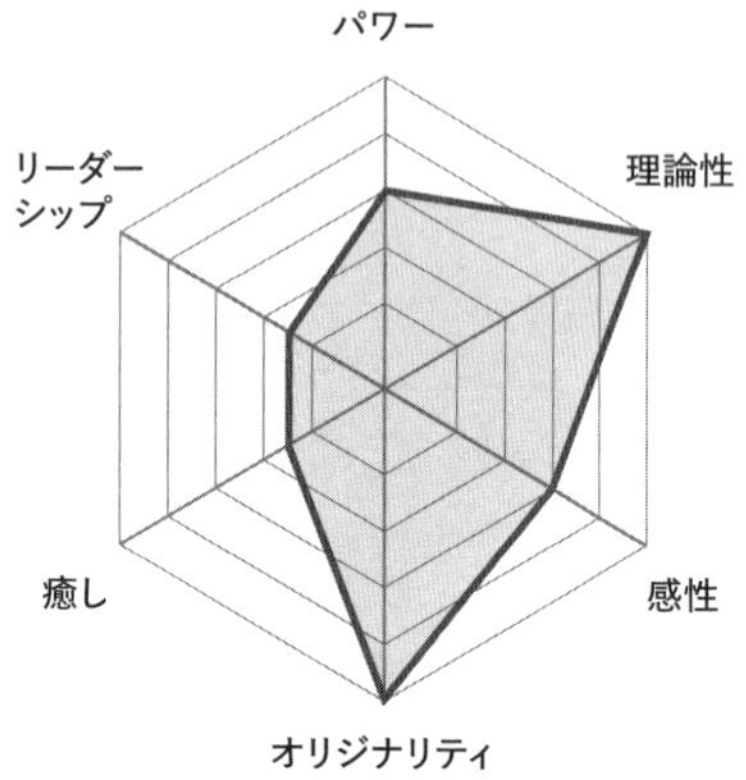

光のキーワード	研究　企画力　分析的　弁舌　気配り　話上手　落ち着き
闇のキーワード	神経質　舌禍　陰口　批判的　独断的　視野狭窄

光の場合	一つのことを探求する、知的な才能を持ち併せています。分析力、観察力に優れ、細かいことにもよく気がつくため、一つの専門分野を究めれば、優れた功績を挙げることができるでしょう。とりわけ言葉の能力に優れ、ものごとを論理的に説明します。自分の考えの正当性を語らせたらピカイチの才能を発揮します。会議などの議論やプレゼンの場面では、相手を説得したり納得させたりすることも得意です。資料作成などもそつなくこなせるので、職場でも重宝がられる存在となるでしょう。
闇の場合	どちらかというと不器用なあなたは、自分が思ったことをそのまま口にして、人を不快にさせてしまうことも多いようです。特に、余計なひとことで相手を傷つけたり、関係を悪化させたりすることのないよう、日ごろから気をつけてください。とはいえ、ときには毒舌と聞こえることでも、それが個性になることも。持ち前の勤勉さ、熱心さ、頭の良さを活かす方向に働けば、素敵な人生が送れるでしょう。

4つのコア	おばさん
象徴的な一文字	専
イメージカラー	深緑
有名人	中川翔子・藤原紀香・メンタリスト DaiGo

＊有名人データは、公表されているデータをもとに算出したものです。

11
奉仕家
[闇キャスト：道化師]

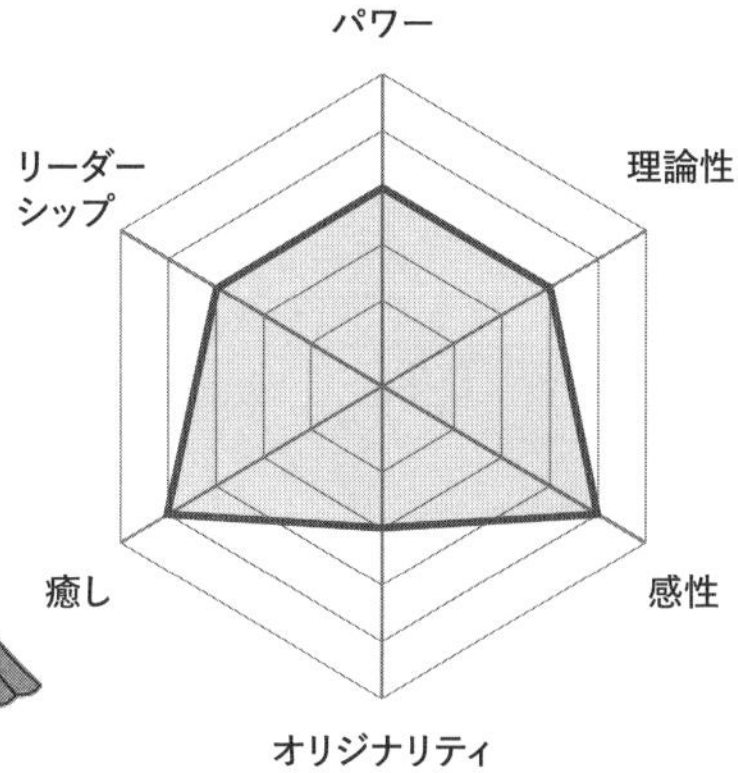

光のキーワード	面倒見が良い 奉仕的 温厚 ボランティア精神 博愛
闇のキーワード	おせっかい お世辞 自己満足 親切の押し売り 笑顔を見せながら自己犠牲

光の場合	穏やかで面倒見が良い性格の持ち主です。人に対する接し方がソフトで、お世話することが大好きです。気遣いの心とホスピタリティの精神にあふれているため、職場や学校など、どこにいっても重宝される存在です。いつも笑顔を絶やさず、感じの良い人として歓迎されるあなたは、人が喜ぶことや、人をサポートすることに喜びを感じます。派手なパフォーマンスはできなくても、地道に努力を重ね、着実に結果を残していく堅実さも持ち併せています。
闇の場合	何かをしてあげたいと思う気持ちは良いのですが、いき過ぎるとただのおせっかいになってしまいます。本当に相手のことを思うなら、引き際を考えることも大切です。人一倍気が利く性格だけに、知らずに自己を犠牲にしてまで頑張ってしまうことや、気を遣いすぎて空回りしてしまうことも。心で泣いて、顔は笑顔の道化師のようにならないようにしましょう。普段のあなたの誠実さや優しさが、周囲の人に大きな安心感と落ち着きを与えていることを、忘れないでください。

4つのコア	おばさん
象徴的な一文字	慈
イメージカラー	水色
有名人	高橋真麻・YOSHIKI・ウエンツ瑛士

*有名人データは、公表されているデータをもとに算出したものです。

12
統率者
［闇キャスト：下僕］

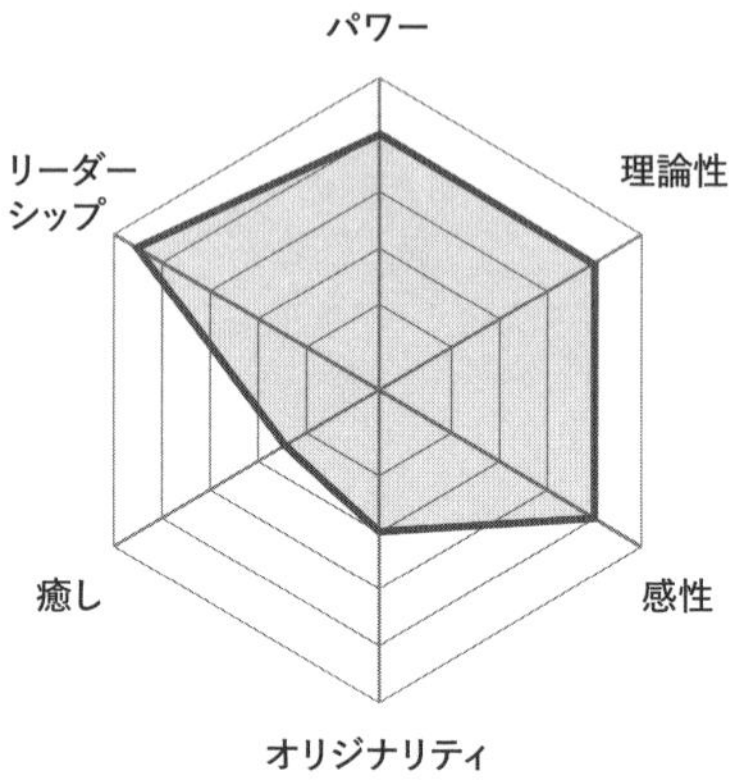

光のキーワード	指導力 知性 精神性 親分気質 器が大きい 生真面目 実直
闇のキーワード	独善的 メンツにこだわる 葛藤を持ちながら人に迎合 指示待ち

光の場合	義理人情に厚く、後輩や部下の面倒見も良いあなたは、人を引っ張っていくリーダータイプです。人生に対する志が高く、精神的な分野で人を導きたいという欲求があります。自身の才能をフルに発揮して、アクティブに活躍する人が多いのも特長です。指導力があるので、個人で行動するよりも、集団の中で活躍するほうが向いています。強いリーダーシップで人をまとめ、後輩や部下からは一目置かれる存在となるでしょう。即断即決でものごとを進めていくあなたは、目の前のことを着実に片づけ、実行していくことに長けています。
闇の場合	もともと度量が大きく、親分気質のあなたは、人に従うことを嫌います。自分自身のメンツにこだわりすぎると、独善的でワンマンな印象を与えてしまいます。ときには相手の言うことに耳を傾ける努力も必要です。ただし、自分自身のセルフイメージが低いと、統率者の気質があるにもかかわらず、人に従うことしかできない下僕のような位置に。もともと面倒見が良いので、人のサポートをするのが好きであっても、人に合わせることと従うことをはき違えると、自分自身を見失っていきます。自分らしさを大事にして過ごせば、誇らしい人生を送れるでしょう。

4つのコア	ナイチンゲール
象徴的な一文字	導
イメージカラー	シルバー
有名人	香取慎吾・中田英寿・イチロー

*有名人データは、公表されているデータをもとに算出したものです。

13
突撃隊長
［闇キャスト：後方隊長］

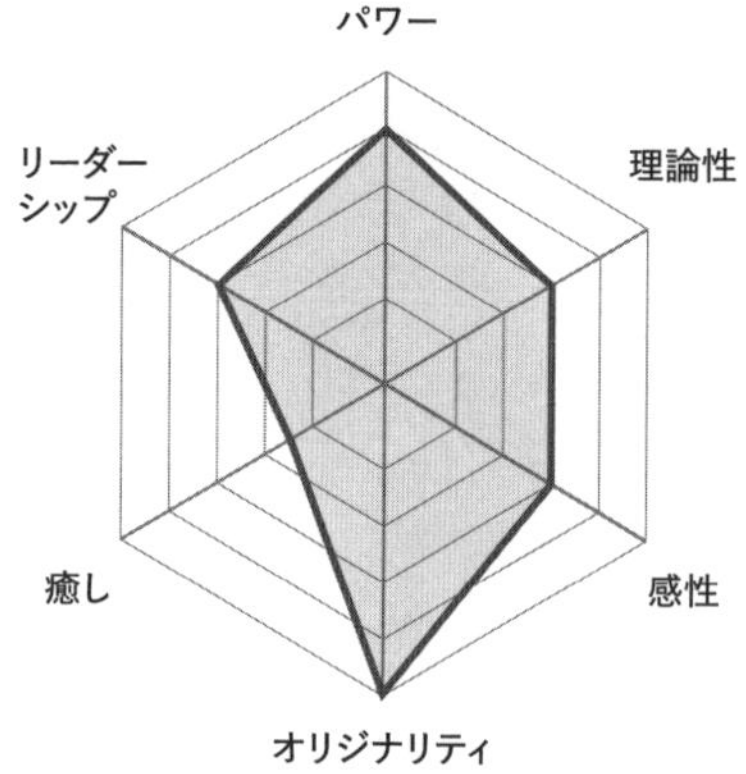

光のキーワード	剛毅 武勇 激烈 裏表がない 行動力 決断力 独自的
闇のキーワード	決断できない 葛藤 短絡的 直情的 衝動的 喧嘩っ早い

光の場合	強い意志の持ち主のあなたは、独立独歩で歩む一匹狼タイプ。権力に媚びずに、自らの足でしっかりと歩んでいく意思の強さを持ち併せています。性格は負けず嫌いで、強い独立心と闘争心が常に共存しています。人に頼ることを好まず、持ち前の発想を活かしてマイペースで生きることを好みます。だからこそ、現代の競争社会の中でも果敢に困難に立ち向かい、どんな苦境も乗り超える力強さを兼ね備えているといえます。ひとたび成功を手にすれば、個性的で突き抜けた人生を送ることができるでしょう。
闇の場合	自己主張が強く、人に干渉されることを嫌うため、たびたび周囲の人とトラブルを起こすことも多いようです。短気を起こすばかりではなく、自分の考えを相手にきちんと説明する努力も必要です。もともと周りから理解されにくいタイプなのですが、小さいころに、その強い個性を、親に矯正されて育つと、本当はこうしたい、でもネバならないという、葛藤が生じやすい傾向になり、決断することができにくくなります。突撃隊長はやりたいことを率先して遂行し、人生において決断していくことで道を切り拓いていくタイプ。常に人の後ろにいて、決断しない後方隊長では、持ち前の才能が発揮できなくなってしまいます。

4つのコア	おっさん
象徴的な一文字	勢
イメージカラー	黒
有名人	aiko・長谷川京子・橋本環奈

＊有名人データは、公表されているデータをもとに算出したものです。

14
変革者
［闇キャスト：傍観者］

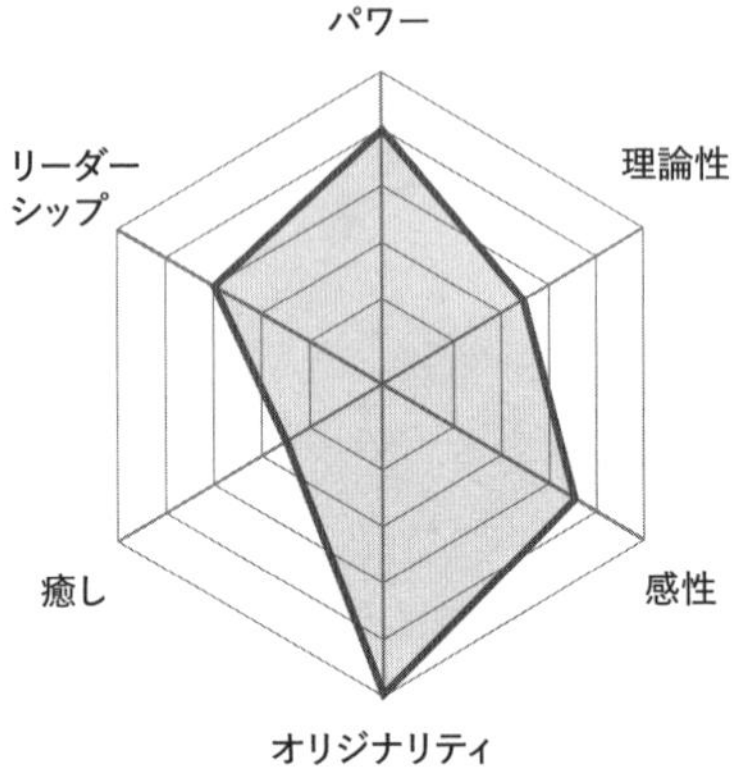

光のキーワード	反骨精神 オリジナリティ 創造のための破壊者 独創的
闇のキーワード	決断できない 事なかれ主義 自分勝手 傍観

光の場合	世界を変える変革者のように、古き所に旋風を巻き起こすような個性を持った人です。反骨精神にあふれているあなたは、現状に満足するのではなく、常に世の中をシビアな目で見つめています。自分が「こうだ！」と思ったら、突っ走っていくタイプ。独特の発想と個性的な性格から、周囲からはちょっと変わった人と思われがちですが、天性の思い切りの良さを活かし、予想外の良い結果を残すこともあります。いい意味でのオリジナリティが、現状を変える起爆剤となり、周囲に明るい光をもたらします。
闇の場合	好き嫌いがはっきりしていて、反骨精神があるので、他人とつるむことや、お世辞を言って人に媚びることが苦手です。小さい頃に、その個性を矯正されてしまうと、持ち前の、変革者の発想や独創性が発揮できず、人と同じことを良しとする傍観者になってしまいます。それでは、変革者としての人生のサイクルが回らなくなります。あなたの持つ、人とは一味違う独特な視点や考え方、ユニークさこそ才能だと理解し、同じことを繰り返す毎日ではなく、チャレンジすることを心がけましょう。その中から自分らしさが見えてきます。

4つのコア	おっさん
象徴的な一文字	変
イメージカラー	黄色
有名人	所ジョージ・二宮和也・長瀬智也

＊有名人データは、公表されているデータをもとに算出したものです。

19のサブキャストの基本的な特徴

NE運命解析学のキャストには、メインの14キャスト以外に「**サブキャスト**」というキャストが19存在します。その中でほとんど似た特徴を持ったキャストを、「双子キャスト」と呼んでいます。

サブキャストが本質の1番上に書かれている場合、そのフィールドにはメインの14キャストが入っていません。その代わり、サブキャストの特徴がまず主に現れます。

しかし、種となる本質を読む時は、必ず14キャストを入れて読むという法則があります。相対している社会・移動運のフィールドに入っている14キャストを〝借りてくる〟というかたちで本質に入れ込み、総合的に傾向を読みます。その場合の14キャストは★マークがついています。

例「アーティスト　★知略に優れた賢人」

★マークの14キャストは〝借りてきて〟いるので、★がついていない14キャストに比べ、エネルギー的に微弱な傾向があります。

ここでは、サブキャストがはじめに書かれている、本質の人の基本的な性質の特徴を記しておきます。

※双子キャストは内容がかなり似ています（1と2、3と4、5と6、8と9、10と11、12と13）。

＊

【1アーティスト】

非常に聡明で博識です。文化、芸術方面に関心が深く、特にダンスや音楽、演劇方面に才能を発揮します。また、哲学や心理学、精神世界、宗教や神秘学などの方面にも関心を示します。

欠点は、精神的な持久力にやや欠けるところです。

【2クリエイター】

非常に聡明で博識です。文化、芸術方面に関心が深く、特に文学、創作、絵画、学問方面に才能を発揮します。また、哲学や心理学、精神世界、宗教や神秘学などの方面にも関心を示します。

欠点は、精神的な持久力にやや欠けるところです。

【3協力者】

人を補佐する役割を持ち、聡明で知性が高く、協力的で慈悲心に富みます。人の面倒みが良く、多くの友人や知人に恵まれ、援助や名声を得られます。

【4 助言者】

人を補佐する役割を持ち、聡明で知性が高く社交的です。また慈悲心に富み、計画性にも優れています。人の面倒みが良く、多くの友人や知人に恵まれます。

【5 ラッキー姉貴人】

聡明で賢く威厳があり、名声を得ることができるようになります。友人や知人が多く、目上の者からも援助を受けることがあります。異性との縁も健全で良好です。

比較的若くして、良いパートナーと巡り合うようになります。

【6 ラッキー妹貴人】

聡明で賢く威厳があり、名声を得ることができるようになります。友人や知人が多く、異性からの援助も受けることがあります。

比較的若くして、良いパートナーと巡り合うようになります。

【7 教授】

頭脳明晰で経理に強く、金銭感覚に優れ財を得やすい人です。慈悲心、正直、蓄財、経済、富、地位、名声、保守的、剛毅、強情などを複合して持ち併せています。

人に教えたり、導いていったりすることも得意です。若干、ケチなところもあります。

【8 剣士】

一見、人当たりが良いですが、中身は癖があり、頑固で、時に孤立・摩擦・事故・怪我の状況を生み出します。物事を決めると決断力に富み、機知に長けます。

刃物を恐れず刀剣を使う能力があるため、料理人や理容師、外科医といった職業や、トラブルを解決するような仕事、火や鉄、金属加工などの世界にも向くでしょう。

【9 頑固者】

一見、人当たりが良いですが、中身は頑固で、直情的です。突如、停滞を強いられることが起きやすく、ダラダラしてしまう傾向があります。

覚悟を決めると突破力や粘り強さが備わり、度胸もあり機知にも長けているため、停滞を打破していくことで進化に繋がります。

【10 風雲児】

一見、人当たりが良いですが、中身は激しい性格をしており、パワフルで強烈な個性の持ち主です。細部にこだわることは苦手で、大雑把に物事をとらえます。

瞬時の判断力と行動力はありますが、喜怒哀楽が一定せず、すぐに気分が変わるようなところがあり、短気でせっかちでもあります。落ち着いて乗り超えることで、達成力や勇気が備わってきます。

【11 刺客】

一見、人当たりが良いですが、中身は喜怒哀楽が激しく変わった個性の持ち主です。細部にこだわることは苦手で、大雑把に物事をとらえます。

意外性から人前で特に目立つ存在となります。内なる葛藤が多く、気分が変わるようなところがあり、短気でせっかちでもあります。孤独を好む面もあります。しかし、これらを乗り超えると度胸がつき、冷静沈着な判断力を持ち、肝が据わってきます。

【12 悲観者】

感性が豊かすぎるためか、物事を悲観的にとらえる傾向があり、神経質で取り越し苦労の多い人です。人生に悲観し、生きているのが嫌になりがちで、深刻に受けとめる質。哲学や心理学、神秘学、精神世界などに惹かれていきます。

その思考パターンを乗り超えると、人生に深みが出て、人の痛みがわかる感性と知性を持つことができます。また、楽観的にもなります。

【13 妄想家】

感性が豊かすぎるためか、物事を悲観的に妄想する傾向があり、それゆえ人生に悲観し生きているのが嫌になりがちになり、神経質で取り越し苦労の多い人です。物事を深刻に受けとめる質。哲学や心理学、神秘学、精神世界などに惹かれていきます。

その思考パターンを乗り超えると、心理的に人に良きアドバイスができるようになります。直感力やインスピレーションに優れているので、それを磨き活かすと霊的能力に優れることもあります。

【14 フウテン】

一箇所になかなかとどまることができない傾向です。

逆に動き回ることで、運を掴んでいきます。移動の乗り物や運転技術者としても活躍できます。

【15 花魁】

不思議な魅力で異性を虜にします。気をつけなければ、異性で身を滅ぼしかねません。異性に溺れることなく、相手を見極める目を養うことが重要です。

【16 布袋さん】

福分が厚く、人生で衣食住に困るようなことはありません。気前が良く、人にいろいろと振る舞うことを好み、その結果、多くの友人から慕われるようになります。
このキャストは幸運の象徴です。

【17 リーダー】

権力や地位、リーダーとして高い地位に恵まれます。中途半端なことが嫌いで、何をするにもしっかり筋を通します。

時に、善行を行い、人に教え諭すこともあります。結果、人々に慕われ、信頼されていきます。

【18 学問オタク】

非常に知的で聡明な人です。若い頃から秀才ぶりを発揮し、芸術、学術方面に優れた才能を示します。試験に強く、学習することで運が拓けます。ビジネスや官僚の世界に進んでも活躍することができます。

【19 デビル】

こだわりが多く、視野が狭くなりがちで、やや固執的な傾向を持ちます。何かと困難や災難につきまとわれますが、突発的な災難に遭遇しても、それを乗り超えることで、かえって急激に成長し成功します。

＊

あなたの本質のキャストは何でしょうか？
協会ＨＰ（Ｐ326にＱＲコードあり）より、無料体験版の「ライトコンパスシート」をダウンロードしてお調べいただけます。

12フィールドの意味

すべての運命プログラムが詳細に書かれたライトマスターチャートには、人生全般の要素が12のフィールドに分かれて記載されています。

最も重要な要素を表す「**本質**」の他に、**社会運、仕事運、メンタルニーズ、財運、結婚・パートナー運、父母運、子供運、兄弟姉妹運、不動産・資産運、対人運、健康運**があります。

それぞれのフィールドの傾向や内容に、それらの意味を表すキャストが配置されるのです。

まずは、それぞれのフィールドにどんなキャストが入るのか、その傾向を徹底的に知るということが最も大事です。また、夜の時代の観念や考え方ではなく、新たな昼の時代に適合する認識の説明にもなっています。

ここからは、12のフィールドを一つひとつ説明しましょう。

＊

1【本質】

本質に入るキャストは、運命をより良く生きるうえで重要な要素です。いわば人生が花開き果実を結ぶための種といえます。種である本質のキャストを自覚して、種を開花させていきましょう。自覚がなければせっかくの種も、地面の中で腐らせてしまうこともあるのです。

本質に書かれたサブキャストの「伸ばしどころキャスト」は魂的に培った才能であり、「罪状キャスト」は持ち越されてきた罪状となります。

気づいていなかった才能に目覚め磨くことで、才能は恵財へと繋がる価値へと高めていくことにもなります。そして、罪状も自覚し、新たに選択し直すことで、繰り返しのパターンにはまらなくなると、「罪状」は「財状」へと変わっていくのです。

2【社会・移動】

本質のキャストを内面とすると、他人にどのように見られる傾向にあるのかという外面的な要素を、社会・移動運で観ていきます。

たとえば、あなたは社会でどんな人々と関わりやすいのか、本質の才能を社会にどう現していけばよいのか、故郷から離れて活動したほうが運が向くのか向かないのか、外国へ行ったときに危険なことに遭遇するのかしないのかなどを観ることができます。

3【仕事】

仕事運では、あなたはどんな仕事に向いているのか、職業・職種・仕事のスタイル、組織型か独立型か、発展できるかできないかなどを観ていきます。

ただしこれからは、雇われることのみが仕事ではなく、一人ひとりが「自立」していく時代に突入します。仕事は自分の魂に則《のっと》った道で、楽で楽しく、喜んで人に喜ばれることを「**志事**」にしていく時代となります。

このフィールドに書かれてあるのは、そこを見出すステップです。

4【メンタルニーズ】

メンタルニーズでは、あなたの基本的な心の状態や、人生における精神的満足度などを観ていきます。また、あなたは精神的に満たされやすい人なのか、満たされにくいのか、さらに心が満たされる物事や趣味、望む傾向、ストレスからの回復のコツなども観ます。

ただし、これからの時代は、人々の精神構造も変化します。「心が満たされる」ということは、どういうことなのか？　お金や物があるから、人脈や家族がいるから、地位や名誉があるから満たされるのか？「自らの魂が満たされる」とはどういうことかを心に問いかけ、深めるステップにしてください。

5【財】

財運では、あなたの一生涯の財運はどうか、財運はあるのかないのか、どんな業界や世界がお金になるのか、いつ頃からやって来るのかなどを観ていきます。

ただし、これからの時代の財運は、あなたが自分の本質や才能を理解して、価値として社会に提供し、人々の喜びのために循環させた分が、財としてあなたに廻るようになっていきます。継続的な財運や豊かさはスキルで得られるのではなく、**人としての境涯が上がることで廻る**ようになっていくでしょう。

6【結婚・パートナー】

結婚・パートナー運では、あなたの結婚相手はどのような傾向を持つ人か、結婚向きなのか結婚には不向きなのか、相手との結婚後の関係性はどのようなものかを観ます。

ただし、これからの時代は結婚の概念が変わります。「**結婚は人生の選択のひとつ**」とはなりますが、パートナーはいたほうが心豊かな人生になります。

パートナーは、これからは異性でも同性でも、兄弟姉妹でもペットでもロボットでもよい時代になるでしょう。心が通い合い、愛というテーマのもと、互いの魂が進化・成長でき、磨きあう時間を共有できる相手となります。

7【父母】

父母運では、あなたの両親はどのような人で、また親子関係はどのようなものか、縁が薄い関係なのか、対立する関係なのか、充分な愛情や恩恵を得られる関係なのか、といったことを観ることができます。

子ども時代の病気やケガ、問題行動も、じつはこの父母運の善し悪しが少なからず影響していることもあります。

0歳から13歳までのタイムキャストは、父母運との関係性を吟味して観ることが大事です。この時期の父母との環境の中で、できてしまった思考や反応、無自覚に決めてしまったことが、その人の人生のひな型になるからです。それを「コンフォートゾーン」といい、その後の人生に大きく影響する可能性を持ちます。

しかし、それは親が悪いというわけではなく、因縁因果を解消し、人生をレベルアップするため、あなた自身が親を選び、自らプログラムしてきたということです。ときに父母運は、目上の人や上司、師匠との関係を観ることもあります。

8【子供】

子供は本来、親の先生であり、あなたの進化を促すために生まれてきてくれた存在です。そのことを認識したうえで、あなたの子供はどのような傾向性を持つのか、また子供との関係性はどのようなものか、縁は濃いのか薄いのかといったことを観ていきます。

子供がいない場合、肉体の子供だけとは限らず、後世に何かを生み出すという象徴で観ることもできます。

9【兄弟姉妹】

兄弟姉妹運では、あなたの兄弟姉妹との関係性を観ることができます。互いに仲が良く、助け合える関係なのか、仲が悪く迷惑をかけられる関係なのか、縁が薄いのか、距離があったほうがいいのかどうかを観ます。兄弟姉妹の関係は、子供時代と成人してから、さらに結婚後に関係性が変化する可能性もありますが、全般的な関係性として観ていきます。

兄弟姉妹の関係以外に、このフィールドからは身近な友人や知人、親友や同僚といった、横の対人関係がどのような傾向となりやすいのかも観ていきます。

親と兄弟姉妹は、過去世で敵同士の場合もあり、今世でその課題を持って肉親としている場合もあります。

あまり良くない運を持っていても、進化・成長のために、今ここで何に気づくことが重要なのか?ととらえ、自分を直視し、人としての器を大きくすることで、課題をクリアすることができます。ここでは改善点も明記します。兄弟姉妹運と同時に対人運や社会運も観ることで、**人間関係全般の運**を観ていきます。

10【不動産・資産】

不動産・資産運では、親や先祖から引き継ぐ資産や不動産運があるかないか、生涯における資産や不動産運、さらには自分が望む居住空間や環境が得られるかどうかを観ることができます。

ただし、これからの時代は不動産や家を持つことが、しあわせになる条件とは限りません。しあわせになるライフスタイルは多岐にわたり、人それぞれです。これまでと違った考え方も出てきます。

さらに**「家庭運」の良し悪し**も、ここで観ます。女性の場合は、結婚相手の資産や不動産運にも人生が影響されるので、そちらも照らし併せて詳しく観る必要があります。

11【対人】

対人運では、あなたの対人関係全般の運は先天的にどのような傾向を持つのか？　特に、組織や会社では社員や部下、後輩との関係、またリーダーや先生的立場、独立事業主なら、どのような支持者や生徒、顧客が、あなたのもとに集まりやすいのか?といった、主に**縦の対人関係**を観ることができます。

対人関係は人生をレベルアップさせるための学びのための最高の教材です。先天的に、あまり良くない運を持っていても、後天的に運命をレベルアップすることはできるのです。

対人関係の恨みや不都合から自分を顧みて、進化・成長のために、今ここで何に気づくことが重要なのか?ととらえ、自分を深掘り、認識と行動を変えることで、後天的に好転することができるでしょう。

ここでは、改善点も記していきます。対人運は、同時に本質と兄弟姉妹運も兼ね併せて観ていきます。

12【健康】

健康運では、その人の体質、健康運、どのような病気にかかりやすいのか、普段から何に気をつければよいのかを観ることができます。

健康運を観るうえで大事なことは、健康運のキャストと同時に本質のキャストを観ることです。光を生きているのか、闇を生きているのかが重要だからです。

闇キャストで生きていると、本質のキャストの疾病か、健康運のキャストの疾病や事故やケガ、トラブルなどに巻き込まれる可能性が出てきてしまいます。病気やケガ、トラブルは、視点を変えれば、人生や生き方の軌道修正のための「**気づかせの事象**」「**浄化の事象**」として起こるもの。

健康運で自分の病気やケガなど、なりやすい傾向を知り、早めに対処しておけば大事には至らないでしょう。

運と人生が開花する方向性を示す、ライフナビゲーション&ライフナビゲーションキャスト

ライトマスターチャートや、簡略版として作られたライトコンパスの中央には、必ず赤い矢印が示され

ています（巻頭P１をご覧ください）。

この矢印は「ライフナビゲーション」といい、その人の「運と人生が開花する方向性」が一目でわかる羅針盤のような役割を持ちます。

ライフナビゲーションは、**【本質】【社会】【仕事】【財】【メンタル】【結婚・パートナー】**の６つのフィールドにのみ向くようになっています。


あなたの運と人生が開花するには、ライフナビゲーションを理解し、その先に書かれているライフナビゲーションキャストの内容を読み、普段から意識し、実践してみましょう。それらを優先的に生きることで、矢印の向いていない残りの５つも、あとからついてくるようになります。

たとえば、女性で結婚することがしあわせと思い込み、結婚を追い求めていたとしても、ライフナビゲーションが仕事だったとします。その場合は、まずは自分で仕事のスタイルを打ちたてるよう努力をしたほうが、結果的にその先、良い結婚相手にご縁しやすいということになるのです。

＊

次に挙げるのは、簡略版のライトコンパスですが、ライフナビゲーションが向かっているそれぞれのフィールドの意味を説明しています。

●【本質】にライフナビゲーションが向かっている人

種を開花させることが重要です。

まず徹底的に自分の個性、傾向、潜在性、特徴、才能など、あらゆるスキルや経験を通じて理解し、自信を持って生きられるようにしましょう。自身の才能を認め、伸ばし、価値として堂々と提供できていると思えるようになれば、素晴らしい人生となります。

●【社会】にライフナビゲーションが向かっている人

自分の本質に合った、**良い環境選び**が重要です。

人や社会に影響されやすいこともあるため、自分の軸や意見をしっかり持っていないと、環境に振り回されやすい傾向があります。自分がご縁した社会環境から大いに学び、その中からチャンスを掴みましょう。どんな環境においても、自分が培った才能やスキル、価値を提供し、その環境がより良く発展できる一端を担えると人生が開花します。

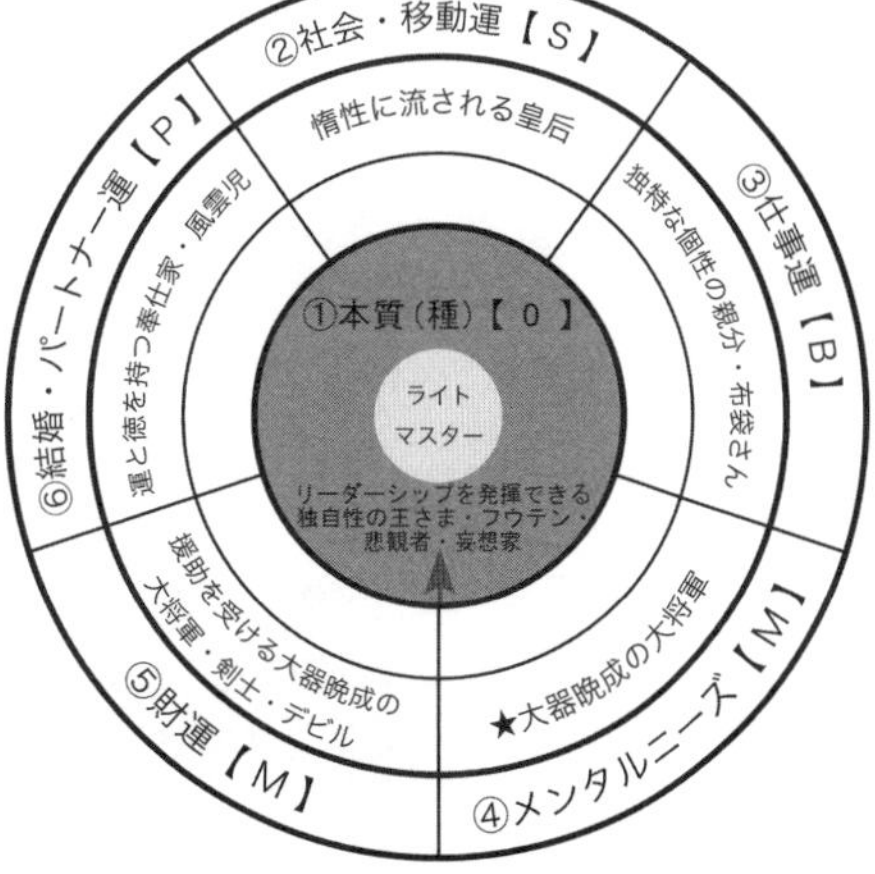

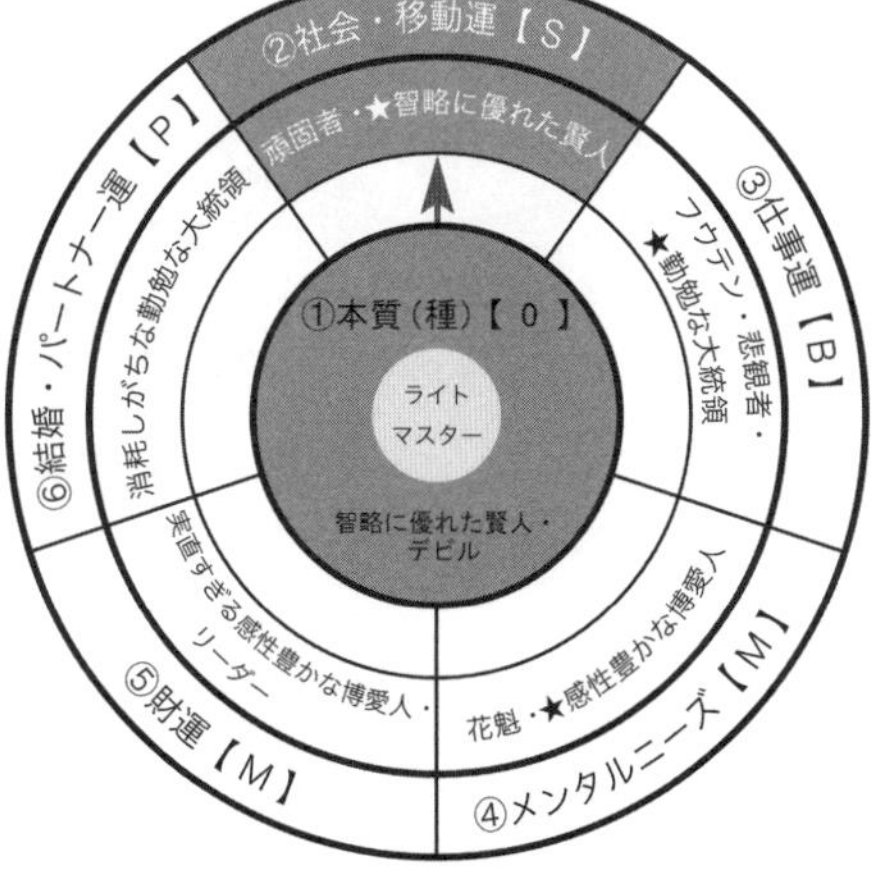

●【仕事】にライフナビゲーションが向かっている人

人生は仕事が中心。ただしこれからは自立の方向性に向かうので、人に指示や命令されて従うだけで良しとする仕事からは、脱却しなければなりません。

自分の仕事のスタイルをしっかり打ち立てましょう。自分の適正にあった仕事を通じて自己を磨き、仕事が上手くいけば、あとから喜びがついてくる人生です。

●【メンタルニーズ】にライフナビゲーションが向かっている人

人生の選択の基軸は、**常に自分の心の声に従う**ことです。内なる感性を培い、外部の常識や頭の声を聞いて生きるのではなく、心の声に素直に従うことを心がけましょう。そのために重要なことは、ひとりでいる時間や、あなた自身の生き方を大事にすること。それを極めることで、プロとなる可能性を持つ人です。

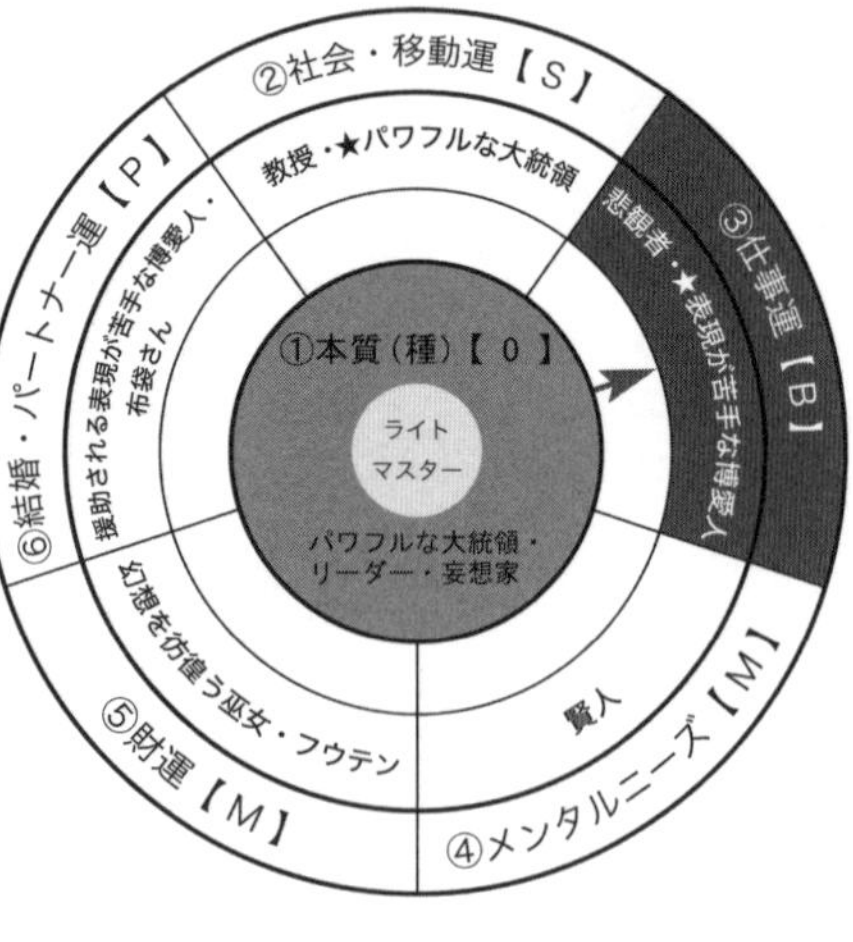

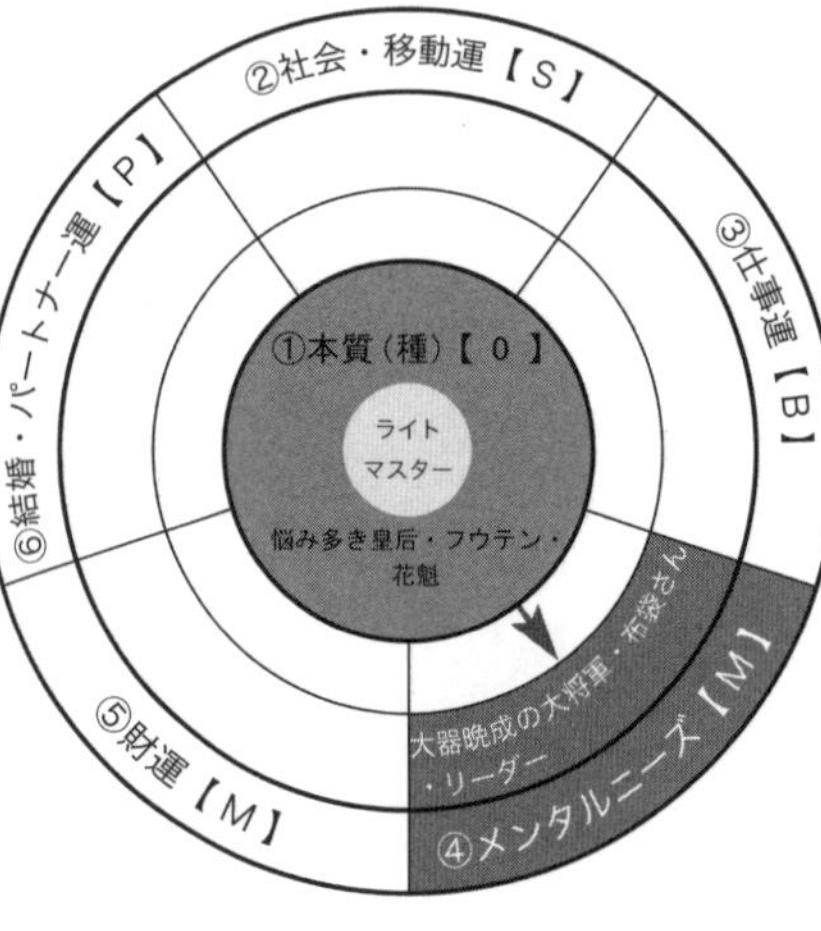

●【財】にライフナビゲーションが向かっている人

本来、お金に縁をし、恵財的な豊かさを得る計画性と感性があります。その**術を磨く**ことを心掛けましょう。ただし、その財を自分のためだけに使うのではなく、人や社会に循環させることで、真の豊かさを得る力が発揮されてくるでしょう。

財の循環を重視することで、すべての運がついてきます。

●【結婚・パートナー】にライフナビゲーションが向かっている人

良き結婚相手、人生のパートナーを見つけましょう。

良き相手を選べば、家庭や二人の関係性が基盤となり、人生が発展していきます。ただしこれからの生涯のパートナーは、異性に限らず、同性、友人、兄弟姉妹、ペット、ロボットでも良いでしょう。

相手を間違うとパートナーによる苦労で人生が翻弄されます。

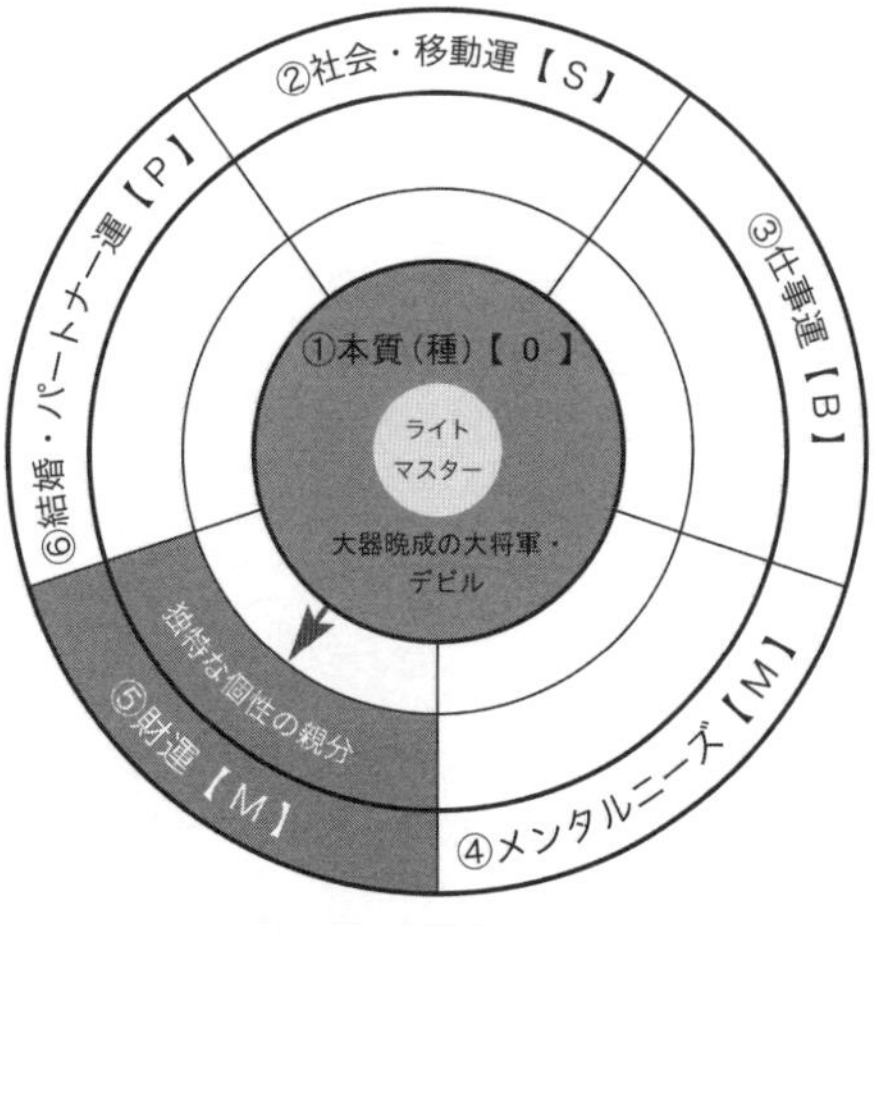

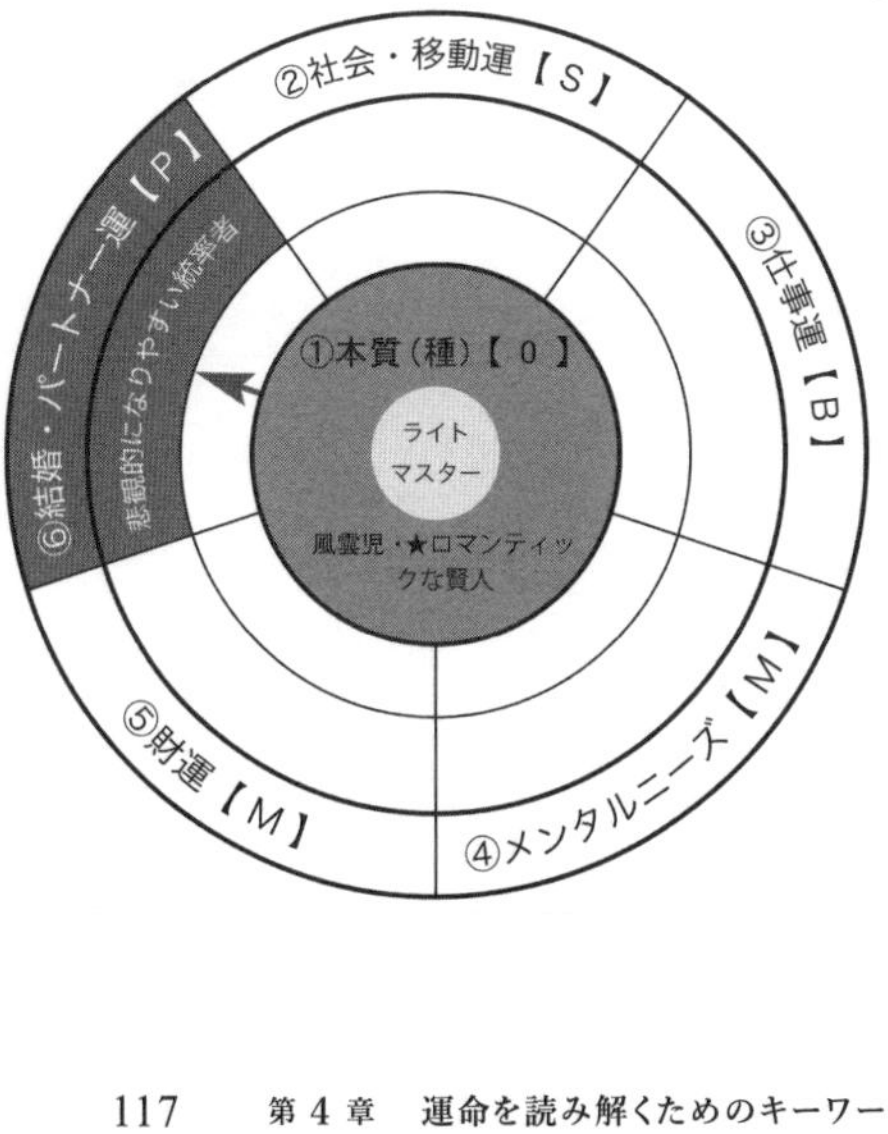

4つのコアと、おっさん・おばさん・ナイチンゲールキャスト

ライトマスターチャートの中で、**「本質」「社会・移動」「仕事」「財」**の4フィールドは、その人の人生を形成する核となるキャストが入ります。

それをまとめて**「4つのコア」**と呼びます。

4つのコアを観ると、その人の特徴や潜在性などが大雑把ではあってもすぐにわかります。4つのコアに入る傾向を3つに大きく分けて、おっさん・おばさん・ナイチンゲールとしています。

たとえば、自分は主婦には向かないと思っていた方が、4つのコアを観ておっさんキャストだとわかると、「やっぱり!」という反応が多いです。

または、世話焼きでおしゃべり好き、肝っ玉母さん的な方は、おばさんキャスト。精神世界や霊的なことに興味を持ちやすく、直感的な傾向で人のために生きたいと求める方は、ナイチンゲールキャスト。いずれも、多くの方が非常に納得されます。

＊

【おっさんキャスト】

王様、大将軍、親分、ハンター、突撃手隊長、変革者

【おばさんキャスト】

大統領、皇后、研究家、奉仕家

【ナイチンゲールキャスト】

賢人、博愛人、巫女、統率者

＊

4つのコアを知るには「本質」「社会・移動」「仕事」「財」のフィールドに、どのようなキャストが配置されているかにより、おっさん・おばさん・ナイチンゲールキャストのどれなのかを読み取ります。

ただし、きっちり3つのキャストに分かれるわけではなく、混合型として配置されている方も多くいらっしゃいます。

あなたの潜在性は、おっさんでしょうか、おばさんでしょうか。それとも、ナイチンゲールでしょうか？

タイムキャスト

「タイムキャスト」とは、10年ごとの人生の傾向やテーマ、課題が記されたもののことです。本質のフィールドのTと書かれた数字からはじまる10年ごとの傾向が、各フィールドのキャストとして書かれています。それにより、今があなたの人生にとって、どのような傾向の時なのかを知ることができます。

Ｐ１２１の図は「ライトマスターチャート」に書かれたタイムキャストです。本質のフィールドの下に、2歳から6歳の範囲で、スタートの年齢が示されます。その後10年ごとに、タイムキャストが変わるのです。

人は、魂が進化成長するために、人生全般においてさまざまなテーマを散りばめてきています。10年ごとのタイムキャストのテーマや課題がわかれば、今が打って出るときなのか、学びの時期なのか、罪状昇華のときなのか、といった傾向がわかります。

一般の占いの概念では、今、苦労をしても5年後には運気が上がると言う人もいますが、ままならないと感じる時だからこそ、そのテーマときちんと向き合い学んでいけば、運命はレベルアップするのです。

5年後の運気が上がることだけを夢見て、今のテーマの学びを放置したまま流されて生きているだけでは、5年後の運気が良くなる時でも、昇華していない課題は次のタイムキャストの時に持ち越され、運気

タイムキャスト

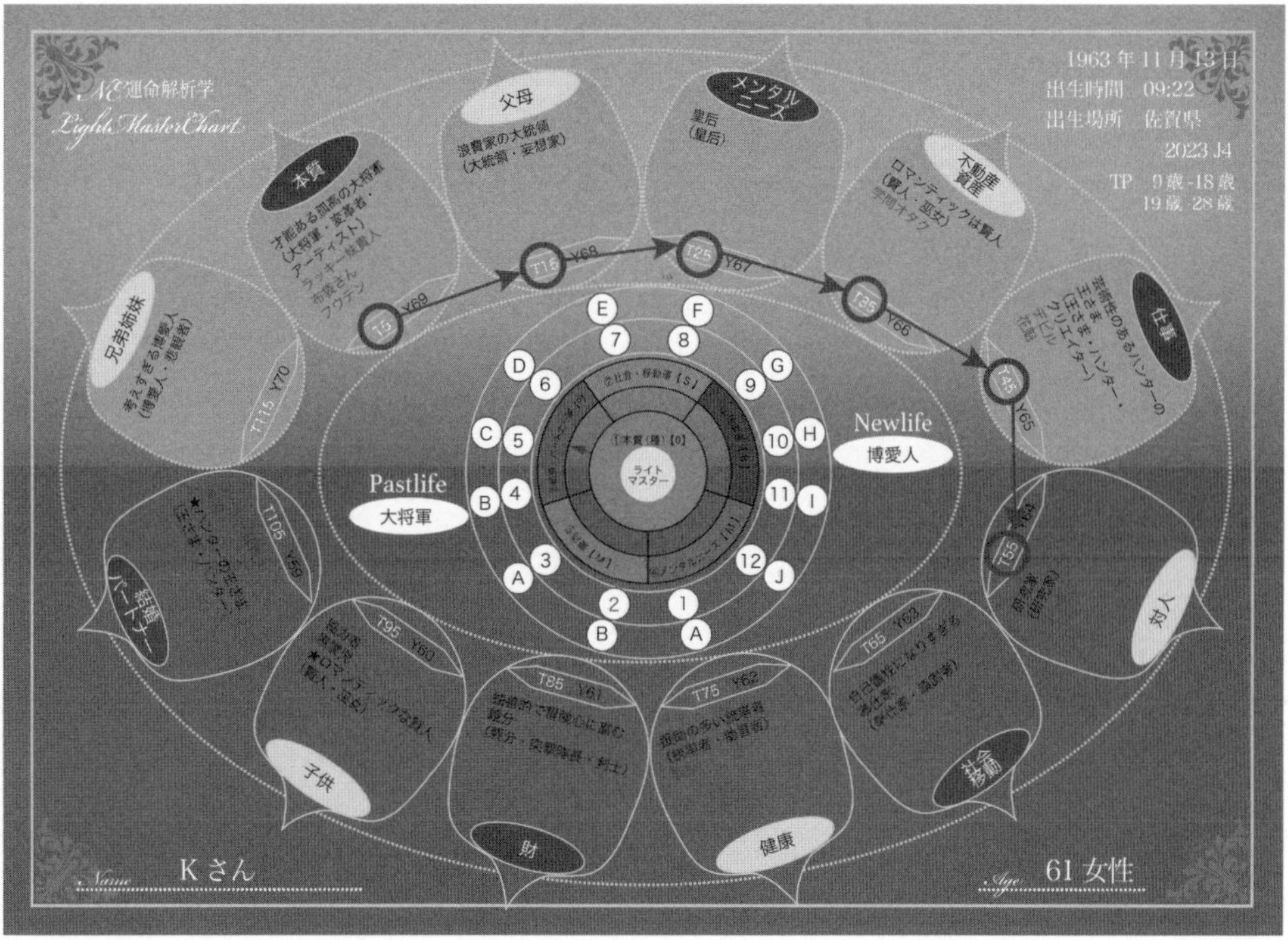
運命解析学
Light Master Chart
1963 年 11 月 13 日
出生時間 09:22
出生場所 佐賀県
2023 J4
TP 9 歳 -18 歳
19 歳 -28 歳
父母
浪費家の大統領
（大統領・妄想家）
メンタルニーズ
皇后
（皇后）
本質
不動産資産
兄弟姉妹
仕事
Pastlife
大将軍
Newlife
博愛人
ライトマスター
対人
子供
財
健康
社会移動
結婚パートナー
K さん
61 女性

の良さを活かしきれないこともあるのです。

逆に、今とても運気が良くても、それにおごっていると、タイムキャストが変わった時に幸運の継続は難しくなることもあります。自分の人生全般のタイムキャストを理解し、良い時も悪い時もおごらず、今、目の前の事象から、学ばせていただけることに感謝して生きると、すべては善くなっていきます。

「節目期」は魂の進化を加速させるターニングポイント

ライトマスターチャートの円形の数字が書かれた箇所に、色の違う数字が2箇所あります。

これは、12年に一度、2年廻る人生の節目となる「節目期」を表しています。

世にある運命学では、天中殺とか大殺界という恐ろしい呼び名で呼ばれるものと一致します。ＮＥ運命解析学では、その廻りは、魂が成長するためには欠かせないターニングポイントの時期ととらえています。

節目期は人生における「鉢の植え替えの時期」であったり、次なるステージへと昇る前の「階段の踊り

節目期

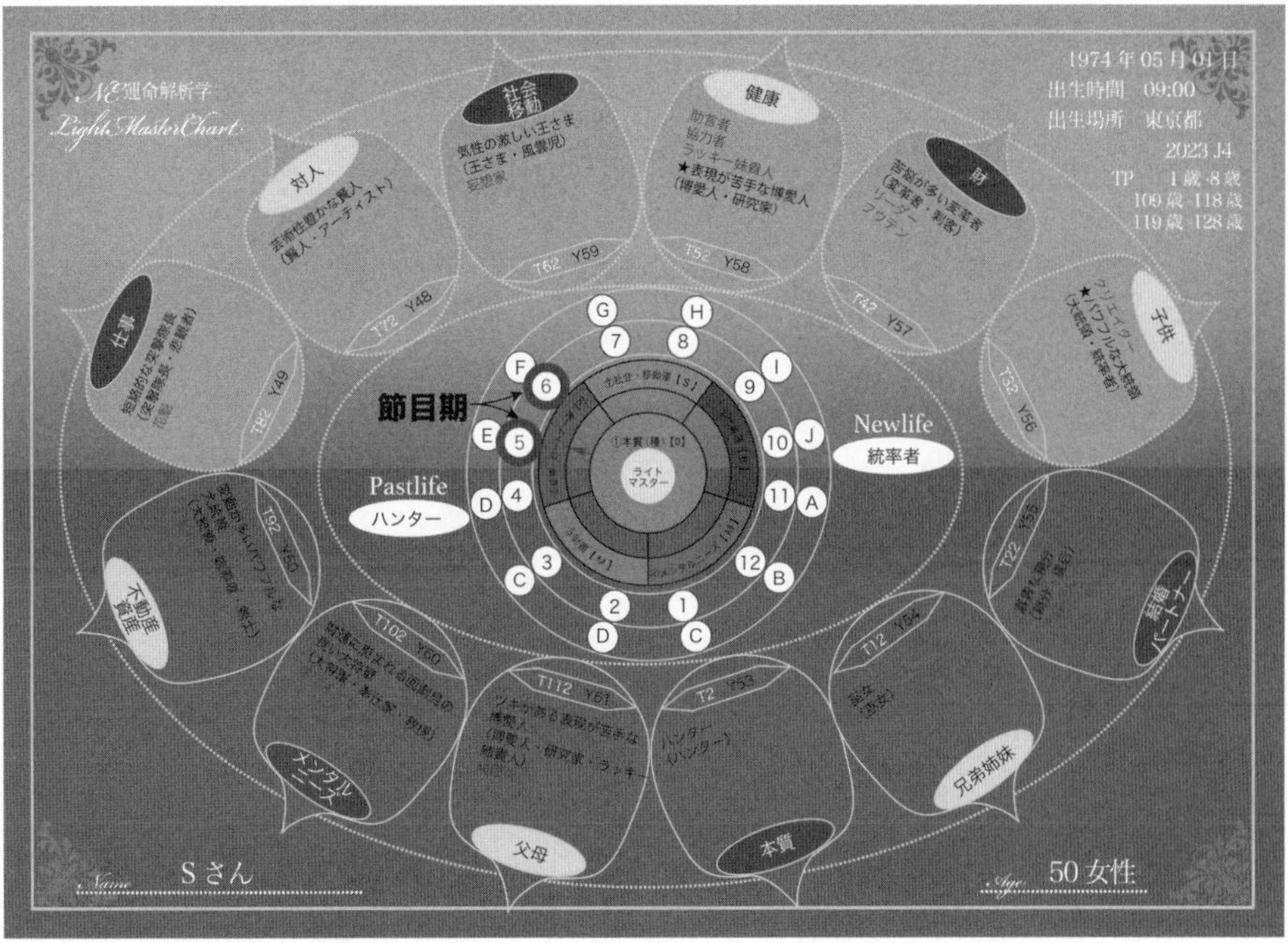

1974年05月01日
出生時間　09:00
出生場所　東京都
2023 J4
TP　1歳-8歳
109歳-118歳
119歳-128歳
社会移動
健康
対人
財
仕事
子供
節目期
Newlife
統率者
Pastlife
ハンター
ライトマスター
不動産資産
結婚パートナー
メンタルニーズ
兄弟姉妹
父母
本質
Sさん
50女性

場の時期」ともいえます。一見、不都合に思えることが起きやすいですが、実は最も魂的に進化成長しやすい時期なのです。

しなやかに、どこまでも高く伸びる竹には、節目があります。竹は、この節目があるからこそ、折れることなく、伸びる強さを養えています。

人間の人生においても、節目期というのは、人としての強さや、視野がより広がる、重要な役割を果たす時期なのです。

節目期は、これまでエネルギーを放出し、がんばってきた時期から、しばしエネルギーを充電する時期に移行するので、ムリをせず、心身を癒しながら、自己を見つめ、必要な軌道修正をかけ、次なるステージに向けて、学びや準備をするには良い時期です。

ＮＥ運命解析学では、節目期を表す数字の先のフィールドに、その時に向き合うべきテーマが示されています。

たとえば、節目期が「仕事」「対人」に廻る人の場合……仕事や対人を通じて、これまでのステージが終了します。破壊と創造、終わりと始まりはセットです。きちんと向き合うことで、次のステージへの創造が始まっていきます。

私は、マスターが亡くなった時が、まさにこの節目期で、本質と父母のフィールドでした。

節目期を無難に生きるために、ライトマスターチャートには奥義を活用することで読み取れる〝節目期を補う〟フィールドというものもあるのですが、それも個々のライトマスターチャートにより一人ひとり違います。

罪状、才能、伸ばしどころを表すキャスト

NE運命解析学では、進化を阻む**【罪状】**が一人ひとりどのように書かれているのか、どんな時期に出やすいのか、また喜び多い人生に開花させる「**才能や伸ばしどころ**」とは何なのか。それらを19のサブキャストから読み取ります。

過去、何千年と同じパターンにはまり、繰り返してきたことを、この時期に転換していくことで、新たな昼の時代へと移行できる進化が加速していきます。罪状は転換すると、そのプロセスで学び得たものは、人生における価値となり、恵財を得る**【財状】**に変わることになるのです。

本来、物事は対になっています。良い悪いという絶対的な判断ではなく、陰極まれば陽になる法則の通

罪状とは…　一方向の見方にのみとらわれ、進化を阻み自分も人も良くしない感情、思考、傾向、時に出来事

スポーツや武道、ビジネスなど、自他共に切磋琢磨し何かを成す行為の中から気づきが起こり、悩みや痛みが転換することで天命を見出す

サブキャスト名	罪　状	転換後の特性
剣士	闘争心、乱暴、怪我、手術、事件、事故、裏切り、口論、劣等感、プライド	特殊な技術、危険な仕事、トラブルを解消するような仕事、運動能力、反骨精神、人の痛みを知る心を持つ
頑固者	ルーズ、怠慢、投げやり、執着、固執、プライド、虚栄心、停滞を強いられる、突発的事故、金銭トラブル	突破力、壊す仕事、職人、チャレンジ精神、信念、粘り強さ、反骨精神、勇気
風雲児	短気、せっかち、視野狭窄、考え無し、無計画、外的闘争、怒り	瞬発力、パワー、機動、達成力、勇気、勝負心
刺客	陰湿、嫉妬、妬み、葛藤、内的闘争、天邪鬼、人の目を気にする、自己否定、憎しみ	勇気、度胸、肝が据わる、冷静沈着な判断力、隠れた勝負心
悲観者	神経質、厭世観、考えすぎ、被害者意識、自暴自棄、投げやり、後悔	人の身心の痛みが理解できる、慈悲心、楽観者、良きアドバイスができる
妄想家	被害妄想、自己憐憫、考え過ぎ、自己不審、猜疑心、不安、恐怖心	直感力、霊的能力に優れる、心理的に人に良きアドバイスができる、空想力、創造性
花魁	好色、色情因縁、異性でトラブル	社交性、ファッションセンス、歓楽的、飲食を楽しむ
デビル	突発的な災難、妨害、挫折、破滅的思考、究極的な自己否定、自己憐憫、自己嫌悪、奴隷マインド、こだわり	ピンチはチャンス的事象、自覚して転換すると財状、成幸へと繋がる、浄化、昇華

才能・伸ばしどころとは… **自他を相談、進化成長、発展を助長する特質**

自分や人が喜ぶことを目指し、才能を磨くことから天命を見出す

サブキャスト名	才能、伸ばしどころ	マイナスに転じた傾向
		才能や伸ばしどころに気づかなければ何ひとつ開花しないという傾向となる
アーティスト	聡明、博識、知性、精神的、人望、文化、芸術方面に強い、特に音楽、ダンス、演劇、文学、教育	怠慢、危機的状況に疎い、エゴ、嫉妬、比較観念、気分屋、実行力の欠如、頼りない
クリエイター	聡明、博識、知性、精神的、人望、文化、芸術方面に強く、特に文学、創作、絵画、マンガ、学問、教育	怠慢、危機的状況に疎い、エゴ、嫉妬、比較観念、気分屋、実行力の欠如、頼りない
協力者	協力、協調、補佐、サポート、慈悲心、面倒見、向上心、提案	嫉妬、浮気性、マイナス思考、優柔不断、依存心、偽善
助言者	協力、協調、補佐、社交性、計画性、慈悲心、面倒見、向上心、助言	嫉妬、浮気性、おせっかい、押しつけ、偽善
ラッキー姉貴人	聡明、知性的、人や目上の人から援助、助け、引き立てられる徳を持つ、自立心	プライド、見栄、傲慢、優越感、独占欲
ラッキー妹貴人	聡明、知性的、人から異性から援助、助け、引き立てられる徳を持つ、自立心	プライド、見栄、傲慢、優越感、独占欲、怠慢
教授	慈悲心、正直、金銭感覚、蓄財能力、教え導く能力、衣食住安泰、自己肯定感	保守的、頑固、強情、ケチ、慾張り、他者依存
リーダー	指導力、カリスマ性、地位、尊敬、信頼、積極性、やる気、意欲的	独善的、権力志向、権威主義、ひとりよがり、エゴ、プライド
学問オタク	知的で聡明、学業で開花、研究、探求、芸術、試験に強い	視野狭窄、執着、優劣観念、オタク気質、こだわり、非生産
布袋さん	強運、何があっても結果オーライ、徳がある、財、衣食住に困ることはない	慢心、怠慢、感謝不足、停滞

り、一見、主要なキャストに対し、影を落とし良さをかき消す働きをするサブキャストであっても、そこから学び転じれば、人生に深みを増したり、転換や飛躍のチャンスにもなるのです。

ままならないことが続いても、そこから運命がレベルアップする気づきが得られる時期でもあります。その逆もしかりで、伸ばしどころや才能にあぐらをかいたり、ブラッシュアップしなければ、やがて反転していきます。

ここでは、サブキャストがどのような吉的な働きをするキャストなのか、凶的な働きをするキャストなのかを明記します。

※フウテンは良し悪しの意味がないので省いています。

布袋降臨・デビルアタック

NE運命解析学の307通りあるキャストの中で、人間ではないキャストが2人います。それが、最大の吉キャストを表す「**布袋**」と、最大の凶キャストを表す「**デビル**」です。

ＮＥ運命解析学の考え方は、すべてのキャストに二元論は用いていません。良いも悪いも、光も闇もすべて対になっていて、陰極まって陽になり、陽極まって陰になる自然界の法則通り、ひとつの現れ方だとしています。

すべては進化・成長へと向かうための、学びの要素なのです。

ライトマスターチャートには初めから、布袋もデビルも必ずどこかのフィールドに配置されていますが、さらなる運命を深く読み解く際には、もともとのプログラムとは別に、この布袋とデビルが動き回る特殊な読み方をします。

それにより、運命の詳細を深く示してくれるのです。

布袋が、12フィールドの内側に書かれているアル

【布袋さん】

【デビル】

【布袋降臨、デビルアタック表】

	布袋さん	デビル
A	親分	大統領
B	賢人	巫女
C	博愛人	親分
D	巫女	研究家
E	ハンター	賢人
F	大将軍	クリエイター
G	大統領	博愛人
H	研究家	アーティスト
I	統率者	大将軍
J	変革者	ハンター

ファベットの指示のもと、他のフィールドに動くことを「**布袋降臨**」といい、布袋が降臨したフィールドは、配置されているキャストの良さをさらに補い、高めてくれます。

逆にデビルがアルファベットの指示のもと、他のフィールドに動くことを「**デビルアタック**」と呼び、アタックされたフィールドに配置されているキャストは、その良さをかき消されてしまうことになります。

こういった複雑な法則の読み方のもとに、一人ひとりの運命プログラムを読み解いていきます。それゆえ星占いや気学のように、1月生まれの人はこうです……という具合に、簡単に伝えることができません。

それこそが、一人ひとりの運命プログラムのすべてが詰まった、NE運命解析学なのです。

奥義の奥義とは？

NE運命解析学には、「**奥義の奥義**」というものがあります。

それは、罪状が書いてあるフィールドのキャストやタイムキャストに対し、具体的に何をどうしたら罪状昇華を促しやすいか、そのヒントが示されているフィールドを見出せるというものです。

逆に、伸ばしどころや、表面的には良く書かれてあるフィールドのキャストであっても、注意をしないと、そのフィールドのキャストの足を引っ張ってしまう要素が隠されていることがあります。それを理解しておくことで、伸ばしどころであったり、良き時期であっても注意をおこたらず、おごることなく、伸ばしどころをより良く伸ばしていくためのアドバイスもできるのです。

太古の昔、宇宙人が関与して作ったものを今、アップデートしている

私がライトマスターチャートを創り、奥義の奥義を含め、今までにはなかったさまざまな読み解き方を見出し、発見していくプロセスにおいて、確信していたことがあります。

それは、この深遠なシステムは単なる運命学の、当たる・当たらないということを目的とした人間だけの知性で創ったものではなく、太古に人間を創った高度な知的生命体による何らかの関与があり、良くも悪くも「人間の取り扱い説明書」として創ったシステムではないかということです。

ＮＥ運命解析学の元となる古典の運命学は、難易度が高く、深く理解し習得するには10年はかかるとい

われていたものです。しかし、私はものの1年足らずで、ほぼすべてを理解し、読み解きができました。たぶん、太古の昔、私は過去世でこの〝取説〟を扱い、創ることに関与したひとりだった……。そんな感覚さえ覚えます。

そして、新たな昼の時代が到来した今、幸せになる生き方が180度変わるタイミングで、夜の価値観がベースになった運命学の認識を変え、新たな昼の時代の運命をレベルアップするための新たな時代の運命解析学として、自らアップデートする役割と運命でもあったのではないかと思えているのです。

第5章 運命をレベルアップするためのエトセトラ

あなたのライトマスターチャート（運命プログラム）を知る

まずは、あなたのライトマスターチャートを知って、ＮＥ運命解析士からあなたの運命プログラムを読み解いてもらいましょう。

「ＮＥ運命解析士」とは、過渡期と昼の時代における、人や社会に役立つ生き方をしたいという思いを持った人々です。『マスターオブライフ協会』の共育期間の中で、宇宙人生理論とＮＥ運命解析学の考え方を理解し、高度な読み方を学んでいます。かつ、自身の運命プログラムでもあるライトマスターチャートを通じ、自らの才能を知り、人に貢献することを培うと同時に、自身の罪状とも向き合い、運命のレベルアップを目指しています。

ＮＥ運命解析士は、これまでの時代のカウンセラーでもコンサルタントでも占い師でもない、〃新たな時代のしあわせになる生き方を伝える人生の導き手〃と定義しています。

あなたも、自分の運命プログラム、ライトマスターチャートを知ることにより、抽象度の高い、**魂の視点**から人生を俯瞰して観ることができるようになります。その内容を知ることで、今、なぜそれが自分に起こっているのか、もしくは人生における傾向と対策、運命をレベルアップするためのヒントを得ることができるでしょう。

ライトマスターチャートを知ることで人生の難を無難にする例

たとえば、52歳からの健康のフィールドに、罪状が入っているとします。

その場合、いくら今まで健康で元気だったとしても、罪状昇華のための経験として、大なり小なり健康を害すような事象が起こります。そのことがわかっていれば、決して無理をせず、気になることがあれば早めに信頼のおけるドクターに検査してもらおうと意識が向きます。さらに、生活習慣も切り替えておけば、難が無難になっていきます。

ほかにも、資産・不動産運が巡る年回りになると、不動産を買いたくなったり、投資に手を出したくなるという傾向が出てきます。

そのフィールドに罪状が入っていない人であれば、さほど気にすることはないのですが、罪状が入っている場合は下手に手を出すと、負債になるような痛い経験をすることになります。わかっていれば、安易に手を出すことはありませんが、知らないと罪状は**強い感情**でもあるため、感情のまま手を出してしまいがちなのです。

不都合な出来事を経験することは、良い悪いといった二極の視点だけで、とらえることはできません。経験し、気づき、学ぶことにより罪状が昇華され、進化成長することにも通じ、無駄なことはないからです。

しかし、人生の時間は有限です。陥ってしまった状態から回復するのに費やす時間やお金、心労、労力を考えれば、難を小難、無難にすることで、その時間や労力を自分の才能を伸ばし、やりたいことに費やして生きたほうが良いということは、いうまでもありません。

ライトマスターチャートというのは、山に登る時の地図のようなものです。地図なくして山に登るのは無謀ともいえますが、ある程度の登り方や必要な道具類を知り、どこから、いつ何時に登ればいいのかということが明確であれば、山に登りやすくなります。

運命をレベルアップする認識とは

Ｐ１３８の図はライトマスターチャートを横から見た図です。ライトマスターチャートの平面図は、ライトマスターと書かれている（根源の光）一番上の視点から下を見下ろすかたちで書かれたものです。影の女性が立っているところに目線を合わせてください。女性が立っている足元に丸い円盤があります。これがライトマスターチャートを表します。

自分のライトマスターチャートを知ることで、進化した人類のライトマスター、光の方向性に向かう道筋が見えてきます。しかし知らなければ、自らの罪状にやすやすとひっかかり、かつ国や親、周りの社会、環境の言いなりになってしまいます。その結果、本来の自分の運命プログラムを生きられず、闇の人生に甘んじてしまうことを、この図は表しています。

その認識を持ったうえで、自分のライトマスターチャートを知り、まずは生きる方向性を知ることが大切です。

運命をレベルアップする認識

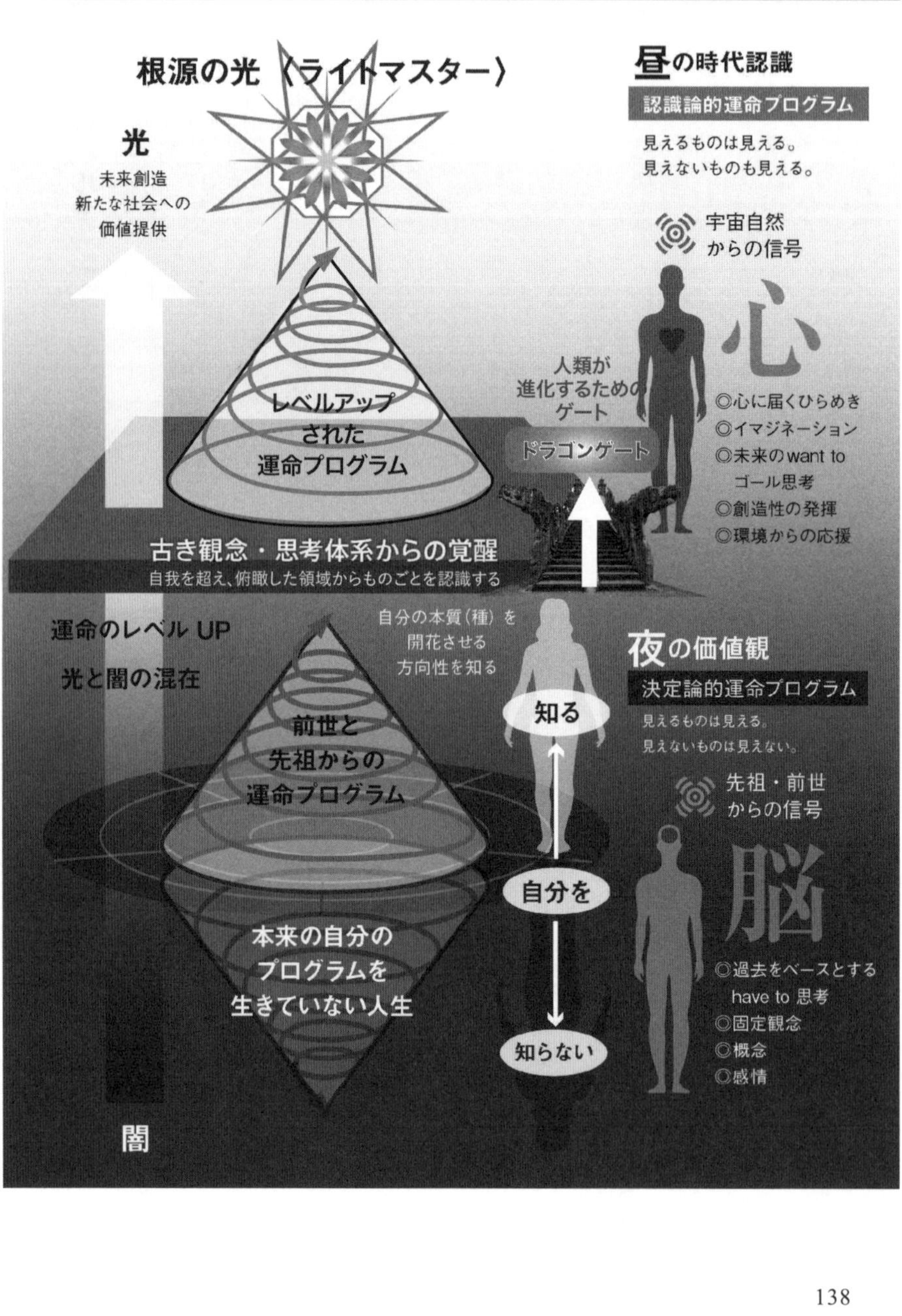
根源の光〈ライトマスター〉
光
未来創造
新たな社会への
価値提供
昼の時代認識
認識論的運命プログラム
見えるものは見える。
見えないものも見える。
宇宙自然
からの信号
心
人類が
進化するための
ゲート
ドラゴンゲート
レベルアップ
された
運命プログラム
◎心に届くひらめき
◎イマジネーション
◎未来のwant to
ゴール思考
◎創造性の発揮
◎環境からの応援
古き観念・思考体系からの覚醒
自我を超え、俯瞰した領域からものごとを認識する
運命のレベルUP
光と闇の混在
自分の本質（種）を
開花させる
方向性を知る
夜の価値観
決定論的運命プログラム
見えるものは見える。
見えないものは見えない。
知る
前世と
先祖からの
運命プログラム
先祖・前世
からの信号
脳
自分を
本来の自分の
プログラムを
生きていない人生
◎過去をベースとする
have to 思考
◎固定観念
◎概念
◎感情
知らない
闇

ドラゴンゲートの分厚い壁を開く

とはいえ、自分の運命プログラムがわかったからといって、「はい、ＯＫデス」とはならないのが今の時代の特徴です。

今は時代が安定していた江戸時代ではなく、夜から昼へと大きく時代が変わる過渡期です。自分の運命プログラムを知っただけで、昼の時代の進化した光の方向性へとすんなりいけるのか……というと、この図にあるように、女性の頭の上にある分厚い壁に阻まれてしまいます。

それが、夜の時代の価値観や常識、一方向性社会の中で、先祖代々ＤＮＡレベルで刷り込まれ、かつ魂的にも長いこと培ってきてしまった**ものごとに対する反応、感情、観念、思考体系の分厚い壁（ドラゴンゲート）**なのです。

この壁を突破することを、「ドラゴンゲートを開く」と定義しています。

（ドラゴンゲートを開くメソッドやワークの詳細は、別の機会に詳しくお伝えします）

私たちは、自分の今世の生まれた目的を知り、新たな昼の時代に宇宙が生かそうとする思考や生き方を学び、覚悟をして日々の出来事の中で、古き思考体系の壁を突破し、上位次元の認識に移行していく必要があります。

色即是空・空即是色で表されるように、本来、この世は「空《くう》」であり「色」の付いていない中庸の世界です。しかし、夜の時代の地球は牢獄星という環境の厳しさや、地球人類の魂の幼さから、欲望や願望、期待、過去の後悔、未来の不安など、さまざまなプラスやマイナスに偏った、感情ベースのものの見方や思考で行動した結果、宇宙の法則、原因結果の因縁因果により、魂に罪状が刻まれてしまったといえます。

人々のドラゴンゲートが開くというのは、起こる出来事がプラスであってもマイナスであっても、量子もつれのように、両面が同時にあると認識できる位置に、シフトするということともいえます。

これまでの一方向に固執したものの見方から、起こることは、魂の進化成長にとってすべて必要で、善きことだった、さらに本来、そこに二極の良い悪いという概念はなかったということがわかると、あなたの人生でドラゴンゲートが自動的に開き、上位次元のステージが始まっていきます。

ゲートが開くまでの経緯で、あがいたことや、もがいたこと、そこからの気づきのプロセスは、すべてあなた自身の価値となり、強味となり、魂の器を広げることになります。それらすべてが、昼の時代を悠々と生きる、創造性の源流へと転化されていくのです。

昼のしあわせの流れを知る
［精心→肉体→知恵→仕事→対人→恵財→裕福］

繰り返しになりますが、夜の時代から昼の時代は、これまでの生き方が180度転換されていきます。ここからは、昼の時代に環境適合し、しあわせに生きられるための基本的な生き方①〜⑦を記します。昼の時代の基本的な生き方を知り、意識的に実践してみてください。ただし、〝こうあるべき〟というものではありません。知らないよりも知っていたほうが、夜の時代の「正しい」とされた生き方に引きずられずにすむでしょう。

次の項目に、あなたはどれだけYESが付きますか？　当てはまる項目のチェックボックスにチェックをいれてみてください。チェックが多いほど、昼の時代の生き方に環境適合し、宇宙自然から応援されやすいといえます。

1　精心的に安定し楽しく生きるための方法

□①何が起きても、すべて自分にとって必要で、善きことと思考し生きている

□②ものごとにとらわれず、毎日、気楽に生きている
□③常識にこだわらず、自らの知恵で生きている
□④自然を観察し、起こる出来事を、よく見聞きしている
□⑤自分にとって不要な記憶、学習はしない
□⑥将来のこと、過去のこと、他人にとらわれず、今、ここを生きている
□⑦嫌いな人とは、付き合わない

2 肉体的に健康で元気に生きる方法

□①ゆっくり、ゆったりと行動している
□②嫌いな仕事、苦しく、しんどいことはしないようにしている
□③食事はおいしく味の良いものだけを、腹7分目食べている
□④夕食から、寝るまでの間を、4時間は開けている
□⑤1日の自分のリズム、サイクルを崩さないようにしている
□⑥夕食後、寝るまで何も口に入れない
□⑦睡眠時間を、昼寝も合わせて8～9時間以上取っている

3　知恵を出す方法

□①何があっても、すべて善きことと思考している
□②常識や過去のデータにとらわれない
□③他人のために、気を使ったり、義理人情で生きてはいない
□④他人に、答えを求めたり、頼ったりしない
□⑤縁ある人の話をよく聞き、否定したり、反論しない
□⑥自分自身や自然環境に心で問いかけて、環境の動きをよく観察している
□⑦睡眠時間を、昼寝も合わせて8〜9時間以上取っている

4　新しい仕事、魂職を発見する方法

□①古いもの、不要なものは捨て、身辺を奇麗にしている
□②何が自分に起こっても、すべて善きことと思える自分に仕立てている
□③自分の身の回りの出来事や、他人がかける言葉をよく観察している
□④好き、楽しい、楽、スムーズに進むことで、周りに喜ばれることを行うようにしている
□⑤他人に気を使ったり、他人の真似はしない

□⑥金もうけのみで動いてはいない
□⑦借金はしていない

5　対人、人間関係を良くする方法

□①他人に興味を持たない
□②何があっても他人を裁かない、縛らない
□③他人に対して、お節介はしない
□④他人に対して、説教、説得、無駄話はしない
□⑤嫌なことを頼まれたらNO！と言えるキャンセル能力を持っている
□⑥好きな人とだけ付き合っている
□⑦他人に合せた行動は取らない

6　恵財的に裕福になる方法

□①何かを買う時は、必ず、先払いか、代金引換で支払っている
（クレジットカード払いの時は、引き落とし額の3倍は通帳に残る状態にする）

□ ②すべての行動は、楽しく、楽なことを、ゆっくり行っている
□ ③いい格好をしようとしたり、見栄や体裁でお金は使わない
□ ④他人のマネはしない
□ ⑤自分にとって実用的で、楽しく、スムーズなことを行っている
□ ⑥古いもの、不要なものや、使わないものは、リサイクルしている
□ ⑦朝の食事時間を守っている（起床して30分以内に食事を始める）

7 運を良くし災難、災害に合わない方法

□ ①何事もスムーズにいくことだけを行っている
□ ②自然からの信号やサインをよく見聞きしている
□ ③行動はゆっくり行うようにしている
□ ④嫌なものごとはせず、自分に正直に、自分を大事にして生きている
□ ⑤利益のないこと、赤字の出る行動はしていない
□ ⑥他人や、世の中の常識に、気を使うことはしない
□ ⑦団体行動、集団行動、群衆行動はしていない

なぜ、このような生き方なのか?と、疑問や質問があるとは思いますが、今回は紙面の関係上省略します。私のYouTubeチャンネルなどで解説をしているセミナー動画がありますので、参考にしていただけたらと思います。

自分の価値観や魂の目的を明確にして生きる

自分の魂の目的のもとに立つという自主自立の時代を迎えるにおいて、まずはその方向性を見出していくことが大事になります。

ドクター・ディマティーニ（人間行動学の権威とされる教育者・作家）が開発した『バリュー・ディターミネーション・プロセス』というワークは、あなたの最も高い価値観を見出すためには、大変効果的です。

私もバリューファクターのファシリテーター資格を得ているのですが、NE運命解析学とコラボでワークをすると、魂の目的を見出しやすく、運命のレベルアップをするうえで、相乗効果が大いに期待できます。

高い価値観というものは、年代で変わることもあり、人生における欠落感から生じるものでもあるため、魂の目的とイコールとは限りません。

ワークでは、高い価値観を見出すために13の質問に答えていきます。その質問とは、あなたの最も身近なスペースの中に置かれてあるものは何か、無意識に整理し秩序だって置かれているものは何か、何に時間とお金、エネルギーを費やしているのか、といった日常の行動に対しての質問です。なぜなら、無自覚で行なっている日々の行動の中に、大事にしている価値観は現れてくるからです。

地球人類が誰でも通過せざるを得ない魂の目的には、まず罪状昇華があります。罪状昇華の促しのために起こる出来事から、逃げることはできません。

しかし、その経験による痛みや諸々の感情、欠落感から生じる欲求こそが、その時の高い価値観となり、日々の行動の源へと転嫁されていきます。その行動の先に、本来のあなたの魂の目的に目覚めていくのです。

自由に自分らしく生きるには、社会や人との関係においても、他人の意見や言葉に流されるのではなく、自分にとって何が大切な価値観で魂の目的なのかを理解し、自分に嘘をつかないことです。

自分自身が欲しくないものや、本当は嫌いなことを無理に我慢したり、他人に合わせたりすることは、偽りの自分を生き、自分を裏切ることにもなります。その結果、他人の言葉や情報の掃きだめの中で、他人に振り回され、生きることが苦しくなってしまうのです。

そうならないためにも、常に本当の自分、本物の自分で生きること。そして、相手にも同じように高い価値観と、魂の目的があることを理解し、双方の価値観が満たされていくコミュニケーションをすることができれば、互いの関係は発展し、そこから価値あるものが創出されていくことでしょう。

両親という存在の意味

両親という存在は、本来、私たちを愛し、育ててくれるありがたい存在です。しかし、多くの人々のケースで、魂的に観ると因縁因果を内包している関係性ともいえます。

宇宙人生理論では、親兄弟姉妹、結婚パートナー、子供などは、過去世で敵同士だった魂が、今世は簡単には離れることができない親族の関係性として、罪状転換、罪状昇華のために、契約して縁をしているといわれています。

人は、0歳から13歳までの家庭環境や親との関係の中で培ってしまった、自分に対する印象や、人や物事への反応、認識、感情、思考、欠落感が、その後の人生のひな形としてでき上がるといわれています。

実際に、毒親に育てられた方や、父親が酒乱でDVだった、母親が浮気して出ていったなど、さまざまな機能不全に陥る家庭のパターンがあります。

「何で、こんな親の元に生まれたのか！」と思う気持ちは充分理解できます。しかし、その親を選んだのも、自分自身なのです。その親の元に生まれ、経験するマイナス面の感情こそが、魂の罪状昇華として、親を通じて刈り取っているということもあるのです。それは、どこかの過去世で、あなたが親で子供にしたことを、今世は逆に経験させられ罪状昇華のために味わっているのかもしれません。

また自分の持つ魂の罪状と、親の罪状がウリ二つということを自覚させるために選んでいることもあります。

もちろん、マイナス面だけではなく、その両親から得られる恩恵やプラス面も、今回の魂の目的のために、必要な要素として取り入れたいと思い、親を選んでいます。

ライトマスターチャートの「父母運」には、あなたと両親が過去世において敵同士だったのかどうかも一目でわかります。

その場合、今世においても、大なり小なり何らかの問題を抱えています。闇キャストを生きている人の多くは、この父母との関係と、10代の頃にでき上がったコンフォートゾーンの、セルフイメージの低さやトラウマ、傷を抱えている方がとても多いといえます。

しかし、間違いなくいえるのは、あなたの今回の魂の目的においては「完璧だ！」と思う親の元を選んで、自ら生まれているのです。

両親と向き合うワーク

両親に見るプラスとマイナスは、あなたの中にすべてあるものであり、魂の目的において必要不可欠な要素です。

ここで、両親と向き合うためのワークをしてみましょう。次の質問に答えてみてください。

◎あなたが父親からもらったプラスの要素は何ですか？

◎あなたが父親からもらったマイナスな要素は何ですか？

◎あなたが母親からもらったプラスの要素は何ですか？

◎あなたが母親からもらったマイナスな要素は何ですか？

◎そのほかに0歳～13歳のコンフォートゾーンの時に、影響を受けた人やコトは何ですか？

運命のレベルアップは新たな学びと行動から

罪状を転換し運命をレベルアップするには、自分の位置を上げ、多角的多次元的な見方ができるための学びは必要です。

ただし、大学までの学びや一般教養だけでは、運命をレベルアップする学びにはなりにくいといえます。広く浅くでもいいので、可能な限りさまざまな学問や考え方に触れることは、ひとつの視点だけにとらわれず視野を広げます。ものごとを俯瞰し、かつ多角的・多次元的に認識することができれば、不都合な出来事が起こった時に答えも見出しやすくなり、動じにくくもなるでしょう。

運命をレベルアップするというと、占いやスピリチュアルの視点のみにとらわれがちですが、それだけでは地から足が浮いてしまいます。最近は、量子力学や脳科学、生命科学や人間行動心理学、生物学、情報医療など、運命をレベルアップするうえで、知っておくと役立つ学問も多くあります。できる限りバランス良く触れるように意識するとよいでしょう。それにより、マスターいわく「この世の全部とすべて」を研究したといわれる「宇宙人生理論」も、理解しやすくなるといえます。

運命のレベルアップができるのは自己データの30％

運命がレベルアップするための認識として、DNAの情報とは何かを知っておくようにしましょう。

なぜなら、DNAというのは、親や先祖から私たちに引き継がれている情報であり、そこからくる無自覚な反応を自覚し、再選択していくことが、運命のレベルアップに通じるからです。

DNAの情報を細かく見ると、大きく3つに分けられます。

DNAを厳密に読み解けば、生まれた瞬間から①親の遺伝と、②家庭環境を併せた70％の運命は決まっている決定論といえます。

私たちが自ら運命をレベルアップできるのは、残りのわずか30％の自己データなのです。この30％の自己データを、日々新たな知識を学び、それに基づき行動することで、コンフォートゾーンを突破し、器を広げ、知性、完成、論理性、さらに創造性を培えば、DNAのデータはアップデートされ運命が変わることになります。

まず、親から遺伝するもの（過去世・家系の因縁）は、形質形状データ、感覚データ、運動データ、才

罪状を転換し運命をレベルアップするために何を意識し変えていけばよいのか

DNAの情報は大きく3つに分けられるといえます。

①親から遺伝する（前世・家系の因縁）	形質形状のデータ 感覚データ 運動データ 才能の種データ	10%
②家庭環境（家系の因縁）	学習能力 認識 コンフォートゾーン	60%
③日々更新される自己データ	知識 行動 知性 感性（気づき） 論理性 創造性	30%

DNAを厳密に読み解けば、生まれた瞬間から①の親からの遺伝と②の家庭環境を合わせた70%の運命は決まっている決定論といえます。私たちが自ら運命をレベルアップできるのは残りのわずか30%の自己データだといわれています。

この30%の自己データを、日々、新たな知識を学び、それに基づき行動することでコンフォートゾーンを突破し、器を広げ、知性、感性、論理性、そして、創造性を培えばDNAのデータはアップデートされ運命が変わることになるのです。

能の種データの10％です。

家庭環境（家系の因縁）は、学習能力、認識、コンフォートゾーンの60％。つまり全体の70％は、親や家庭環境から引き継いでいます。

ですから、私たちは何も学ぶこともなく、さまざまなことにチャレンジすることもなく、ただ一方向性社会の中で、敷かれたレールを歩けばよいと思っていると、残念ながら70％も占める家系の因縁因果の人生の繰り返しで終わる、ということなのです。

運命をレベルアップするためには、**残り30％をいかに理解し**、やったことのないことをやってみたり、行ったことのない所へ行ってみたり、会ったことのない人々と会ってみるという行為や行動の中で、**知性、感性（気づき）、論理性、創造性を培う**必要があるのです。

トライ＆エラーはあって当たり前と認識し、致命傷にならない程度の失敗は、いくら経験してもすべて、人生の糧と器、のちに語れるネタになると思えればよいと思います。

問題は、発生した同じ次元では解決できない

この見出しは、アインシュタインの有名な名言です。

もし、あなたが問題や悩みに直面したとき、それをきっかけに、（P156イラスト参照）平面的で感情的な下位のイモ虫の次元から、何のためにそれが人生に起こったのか?といった、ひとつ上のチョウの次元、さらには上位のタカの視点から観ることができる、俯瞰した位置に次元を上げることを意識していただきたいのです。

イラストにあるように、問題が起こった次元が犬同士の次元であった場合、互いが「お前は足が短い!」「鼻がペチャンコだ!」なんて犬同士のちょっと違いを指摘し合い、感情的に喧嘩をしていても埒があきません。でも、ひとつ上の犬も含めた「動物」という次元から俯瞰してみれば、猫もサルも違いがあっても「動物」というカテゴリーに属するのです。それを理解すれば、犬同士の互いの違いによる喧嘩は愚かでしかありません。

このように、問題が発生した次元ではなく、ひとつ上の次元、もっといえば、侖《ろん》（宇宙人生理論で伝える、宇宙の大本の原理原則を表す文字）や「魂の視点」から多角的・多次元的にとらえることができると、問題が起こる構造が理解できるため解決に至りやすく、罪状昇華も早いでしょう。

【物事の俯瞰度（位置・境涯）を上げるとはどういうことか？】

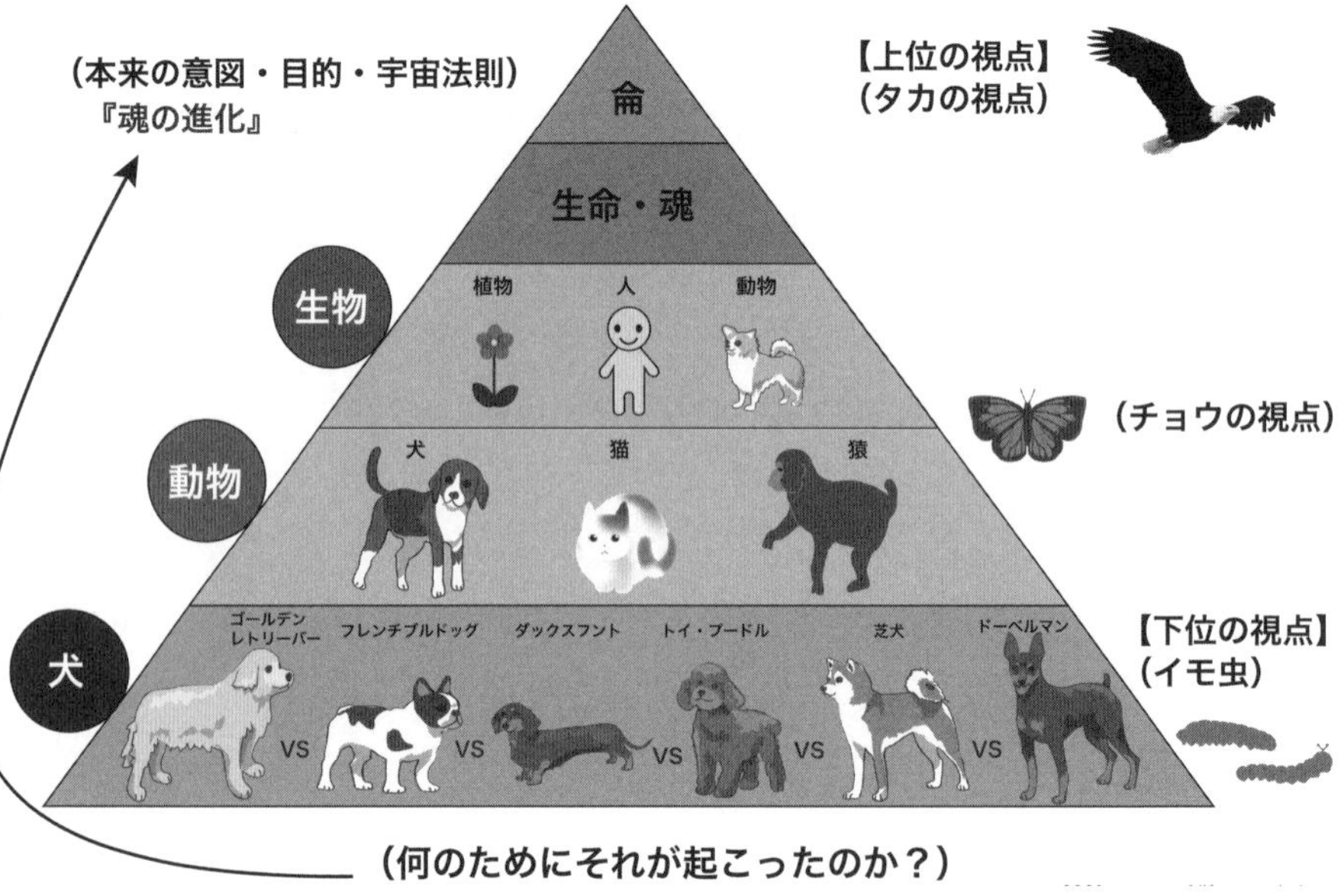

古来より能の世界では、「離見《りけん》の見《けん》」という言葉が残っています。これは、自分から意識を離して上下左右あらゆる箇所から自分の姿・形・心を客観的に観ることを指す言葉です。

最近の脳科学でいう「メタ認知」という言葉に置き換えることもできるでしょう。

ライトマスターチャートを観るということは、問題や悩みが起こった意識や感情から離れ、俯瞰した魂次元から、あなたのプログラムを可視化して観るということです。ライトマスターチャートに書かれていることは、あなたが魂の段階で自ら書いてきたプログラムでもあるからです。

今、ここを生きる

「今、ここ」という言葉を聞いたことがある人も多いと思います。

宇宙人生理論では「今、ここを生きる」とは、過去の後悔や執着、未来の不安や期待、人のことや外部のことなど、一切関係なく、今現在のこの瞬間に「ただ在る」状態、もしくは、目の前にあるやりたいと思うことを自由に心置きなく、やれている時の状態であるととらえています。

さらには、マイナスもプラスもない中庸な状態で、意識が自分の中心にある時の状態ともいえます。マインドフルネスや瞑想が効をなす人もいるかもしれません。

それにより、下のイラストにあるように、あなたを中心とした空間の「上」から、あなたに必要な生きる方向性や情報、対人関係の縁のエネルギーが受け取れるのです。「前」からは生命エネルギー、「下」からは恵財や物質エネルギーが受け取れるといわれます。

つまり、「今、ここ」にいられることで、自分の魂の目的や方向性にも気づきやすくなり、外部の反応にもさほど振り回されなくなっていくのです。

「今、ここ」にいることで必要な情報がキャッチできる

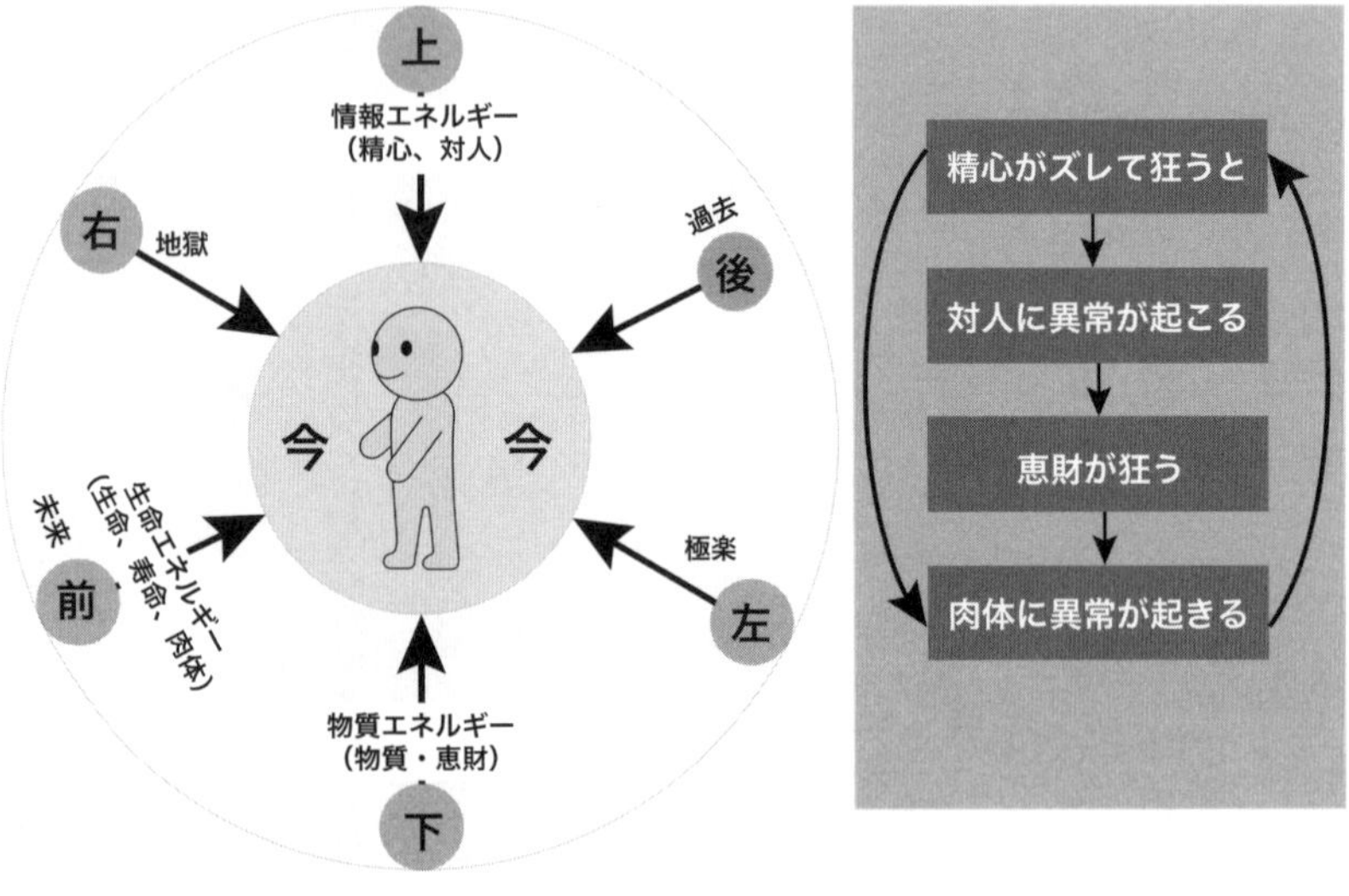

効果的な問いかけと紙に書くことは感情の昇華が早い

苛立ちや怒り、悲しみといった感情に苛まれると、なかなか「今、ここ」を生きることはできません。そういう時は、感情にフタをするより、勇気をもって自分の感情を直視してしまうほうが早く、感情を昇華することができるものです。


そこで、次のような問いかけをしてみましょう。

「この不快な感情を通じて何を学べといわれているのか？」

「この不快な感情を経験することで、得られているメリットは何だろう？」

「もし、この感情を経験しないことによるデメリットがあるとしたら何だろう？」


また、人間関係が起因している場合における問いかけとして、

「蒔いた種は刈り取るという、因果律から鑑みて、相手を通じて感じている不快な感情は、これまでの自分の人生で誰かに与えた行為の刈り取りだとしたら、いつ、どこで、誰にそのようなことをしただろうか？」

このような問いかけによって深掘りし、出てくる感情や浮かんだことを、そのまま紙に書いてみると、気づきが起こり、罪状からくる感情が、昇華されやすくなります。

つまりネガティブに感じる怒りや不愉快、悲しみ、怖れといった諸々の感情は、あなたに今、自分を深掘り、向き合って、大事なことに気づいてもらいたいとうかがっている、魂からのメッセージなのです。

マイナスの感情に苛まれた時、同じだけのプラス面も必ず内在していることに気づくと、感情は昇華されやすくなり、「今、ここ」にもいやすくなります。

起こることは「すべて善きこと」「自分事」「魂の成長のための出来事」であり、一切の無駄はないと気づけるようになるでしょう。

幸不幸、悲しみ、喜び、利益、不利益は片方だけでは存在しない

宇宙の原理原則を現した太極図というものがあります。

これは、ものごとは常に陰陽、マイナスもプラスも、ポジティブもネガティブも、コインの表裏のように同時にセットで存在しているということを表しています。

陰極まれば陽となる、災い転じて福となる、人生万事塞翁、カルマの法則＝恩寵の法則……昔からそのことを表した格言が多くあるように、不都合もその反面にあるプラスの要素に気づけば、その痛みがあっ

たからこそ得られるものがあり、魂の目的に適うよう促されていたと気づけることもあるのです。

たとえば、私もマスターが亡くなってしまったことで、結果としてＮＥ運命解析学を世に出すことになりました。もしそうでなかったとしたら、マスターに依存してしまい、自らものごとを深く考え、探求することや何かを生み出すというクリエイティブな才能に気づくことは、遠のいていたでしょう。

不幸と思えること、悲しいこと、つらいことに遭遇した時、その裏側に必ず存在している、同質同量のメリットがあることを、意識的に見つけるようにしてみてください。

今の世界は、国においても、個人においても、一見、理不尽でままならないと思えることが吹き荒れています。しかし、宇宙の原理原則は、陰と陽は常にセットであり、ネガティブに見える事象も、必ず魂の進化成長には必要であり、ネガティブと同等なポジティブの要素も内包されているのです。

過渡期の今、不都合を経験することは、眠った魂が目覚め、子供の魂が大人の魂へと成長し、昼の時代へ移行するうえでのエクササイズだともいえるでしょう。

それには問いかけてみると効果的です。必ずそこには、多くの学びと支援があることに気づかされます。

たとえば、人間関係で裏切られたとします。そのデメリットと同質同量のメリットが必ずあるとしたら、どんなことが考えられるのか?と問うてみるのです。

「起こることに偶然はない」という因果律の視点から鑑みて、もしかしたら過去に自分も同じように人を裏切り、今、自分が感じている悲しみを誰かに課してしまっていたのだろう……その罪状の刈り取りをしているのかもしれない、ということを、まずは自覚してみましょう。

それを良い悪いでジャッジせず、味わい切ることにより、二度と同じ経験をしなくてすむように「昇華させてもらっている」と、とらえることができます。

今の人生だけをみたら、そんなことは絶対にないと思えても、過去世で蒔いた種を刈り取らせてもらっているのかもしれませんし、家系の先祖の因縁因果を、あなたが解消しているのかもしれません。そうして宇宙は、繰り返しのパターンから抜け出すために、罪状昇華の機会を与え、魂の進化を促しているのです。

ここであなた自身に問いかけてみてください。

相手が裏切ってくれたことで、得られるメリットがあったとしたら、どんなことが考えられるでしょうか？

また、相手が裏切ることがなかったなら、逆にどんなデメリットがあったでしょうか？

答えは紙に書いてみるといいでしょう。自分に問いかけ、内を観察していると、脳は自動的に答えを引き出してきます。

ものごとには、幸、不幸、悲しみ、喜び、利益、不利益……と必ず両面があり、片方だけでは存在していません。この宇宙の原理原則に気づけるようになると、心は解放され、より軽やかになっていくでしょう。

自ら、昼の時代のエネルギーの流れをロックしていることに気づく

昼の時代の千由のエネルギーは地球上に到来していても、なかなか現状の苦しみから解放されない人々が多いのはなぜでしょうか。

それは、夜の時代の支配者が作り上げた外圧だけが問題なのではなく、人々のエゴや劣等感、自分さえよければという思考、ものごとに対する認知の歪みといった意識そのものが、鏡写しのように個々の世界

に反映され、昼の時代のエネルギーを充分に享受できておらず、ロックしていることに気づけていないからです。

夜の時代では、宇宙の原理原則を、日々の考え方の血肉にしている人は多くありませんでした。良し悪し、優劣、善悪、比較という二極の観念と視点により、事象を受け止め、人々の魂は深く傷ついてきました。

夜の時代の支配者や制度が徒花《あだばな》で暴れるであろう、この10数年は、その意識や観念から解放されて魂を癒し、繰り返しのパターンから脱却していくための猶予の時であり、格好のタイミングだといえるのです。

今、個人においても世界においても起こることは、地球が昼の時代のユートピアへと移行するための、夜の時代に培ってしまった罪状昇華であり膿出しです。ひとつ上の次元へと魂を進化させるための、気づきと行動を促すためにのみ起こっています。それはあなたが昼の時代のエネルギーを充分に受け取るために、ロックしている不要なものに気づき、手放していくためのドラマであり、起こること「すべて善きこと」なのです。

「災い転じて福となす」「人生万事塞翁が馬」「陰極まって陽となる」「成功の中にも失敗は内在し、失敗の中にも成功は内在する」

これらの諺《ことわざ》はまさに宇宙の原理原則です。人生でそのことに気づいていると、感情を味わうことはあっても、ひとつ上の次元から起こることを認識できるようになります。すると、次第に良し悪しや執着も減り、于由の光を阻むロックも外れやすくなるでしょう。

決断することで瞬時に新たな宇宙へのタイムラインを生み出している

現代の量子力学では、人の心や思い、意識、あの世の領域、魂さえも解き明かされる試みがなされるようになりました。まだまだ大海に小舟で漕ぎ出したような状態で、すべての解明は程遠いようです。

しかし「量子もつれ（エンタングルメント）」という概念が明かされたことで、あなたが「決めた」世界と「決めずにいる」世界では、タイムラインが変わっていくといわれています。

宇宙人生理論においても、宇宙はひとつだけではなく73兆個あるといわれています。今後さらに、人々が自分で学び、考え、決断した人の分だけの宇宙が無数にでき上がっていくと考えられています。

それはつまり、運命は何もしなければ、もとの因縁因果のプログラムのまま流されていきますが、未来のヴィジョンを描き、決断した瞬間から、あなたの宇宙が新しく生成され、これまでいたタイムラインから急速にシフトしていくということなのです。

逆に、人に依存し、自分で考えず、答えだけを欲しがり決断しない人の宇宙は、宇宙のプログラムを管理する者たちから、〝機能しない〟と見なされ、どんどんブラックホールに飲み込まれていくといいます。

そうやって宇宙はバランスを取るのです。

昼の時代は大人の魂の時代です。自分のことは自分で判断し決断できる人が、宇宙からも応援され生かされていきます。

人は覚悟して決断することで、環境が動きます。それにより、「深い気づき」「受け止め方」「認識」に変化が生じ、運命がレベルアップし、新たなタイムラインに移行できるようになるのです。そしてその決断には、良いも悪いもありません。

自分は昼の時代の創造者でありライトマスターだと決める

夜の時代は、先祖たちが家系を守るために、子孫の私たちに「ああせい、こうせい」と信号を送っていました。そのため、自分の人生を自分で決めているようで、実は夜の時代の価値観を信号で送ってくる先祖たちに、無自覚にコントロールされていたのです。

でも今や、夜の時代の価値観で信号を送っていたご先祖の多くはお休みされています。ただし、本来の光の領域に還れず、この世とあの世で彷徨っているご先祖は、いまだ多くいるようです。

とはいえ、そういう方々に共鳴したり、影響されなければ、昼の時代は、魂からの直接の信号で生きられる時代です。自らの運命プログラムであるライトマスターチャートを知り、自分で決め、創造していく生き方をしていくことで、これまでの先祖の信号や過去世の因縁因果の信号に基づいた運命に振り回されなくなります。

それは、自分自身が昼の時代の「創造者」でり、進化した人類のライトマスターであり、家系においては「始祖」であるという認識を持つことです。それにより新たな昼の時代の世界で、悠々と生きる確率が高まるのです。

一日一生の死生観を持つ

普段、私たちはつい「人生には限りがある」ということを忘れがちです。明日も明後日も同じようにやってくると根拠なく思っていますが、それこそが幻想かもしれません。

魂の進化は、いつかどこかで起こるということではありません。「一日一生」の気持ちで、今を全力で後悔のないよう生きた時に、得られる感慨なのかもしれません。

また嫌なことがあっても目の前のことから逃げず、言い訳せずにやり遂げた時、その瞬間の中で感じる達成感や誇らしさ、喜びの中にも、進化と成長の因が宿るのでしょう。

今は人生100年時代ともいわれ、平均寿命も延びています。

だからといって、「自分が死ぬのは歳を取ってから」と思い込み日々流されて生きているのと、「いつ死んでもいいように」と思い、日々を自分らしく、やれることをやり、覚悟して生きている状態では、人生の濃度や魂の進化成長度も圧倒的に違ってきます。

混迷する時代の過渡期を選んで生まれた私たちの魂は、これまでの歴史のどの時代よりも、魂的な進化を促したいと望んだのです。

私たちは永遠の存在でもありますが、一瞬のきらめきの中で消えていく儚《はかな》い存在でもあるのですから。

運命のレベルアップも健康維持も視覚化するのが効果的

私たちが運命をレベルアップするために欠かせないのは、「**魂・精心・肉体のバランス**」です。

どれほど魂の進化を目指しても、魂の乗り物である肉体が不健康でエネルギーがないと、深く自分を観ることも、大事な気づきを受け取ることも、集中力も行動することもままならない状態になります。

日本は今、食べ物に事欠かない状態です。でも実は、〝隠れ栄養失調〟状態の人も多くいるといいます。

知らず知らずのうちに食事がおろそかになり、偏っていることに気づいていないのです。

また、添加物などが体内に蓄積されすぎていて、サプリで栄養を取っても消化吸収できておらず、かえって臓器に負担をかけている人も多くいるといわれます。

それに加えて、毎日パソコンやスマホの電磁波やブルーライトを浴び、人間関係だけではなく環境的なストレスも多い状態。それでは魂の進化や成長どころではなく、今を何とか生きることで精いっぱい……というほどエネルギーが落ちている人も結構いるのです。

それでは、魂の成長や運命のレベルアップどころではありませんし、抽象度の高いことには意識が向きません。

そういう人は手っ取り早く、まずストレスや体の状態を視覚化してみることです。今は、ヘルスケア搭載のスマートウォッチがスマホやパソコンと同期され、あらゆる身体機能の測定ができ、自分の状態を知ることができます。

ダイエットもそうですが、何を食べているかを視覚化して、きちんと向き合えば、効果が高まるのと同じです。最新のＡＩテクノロジーで、病院に行かずとも自分の状態を視覚化し、健康と向き合うことは、昼の時代には当たり前となります。問題があれば早めに対処ができ、問題がなければ、もっと健康の数値を上げようという意欲や目標も出てきます。それによりエネルギーも上がります。

健康維持のための数値もそうですし、運命プログラムのライトマスターチャートもそうですが、**見えなかったものを視覚化**することは、運命をレベルアップするために大事な要素だといえます。

他人に合わせることはやめる

〝気づき〟とは、運命をレベルアップするための重要な要素です。しかし〝気づき〟は、エネルギー不足の状態では起きにくいのです。

エネルギー不足になる人というのは、人や外部に合わせすぎている傾向が多いものです。そして、自分らしい表現さえもできずに抑えています。それではエネルギーはダダ漏れし、ストレスが溜まる一方です。

これからの昼の時代は、人と同じ道はなく、顔が違えば顔の数だけ生き方が違う、「全方向性社会」です。ですから、我が道だけが目の前に伸びていると思って生きてください。人の目を気にし、人に合わせ、人と同じ無難な道に行こうとすると、宇宙自然か、もしくは魂からの警告が来ないとも限りません。

これまで自分らしく生きられなかったと思う人であれば、次の言葉の認識で覚悟を決めて生きたほうがいいかもしれません。

人に、常によくあろうとしないこと。（疲れて消耗するだけです。本当に大事な時に、力を発揮できなくなります）

人に、合わせることはやめる。（都合よく使われるだけの人になります）

人は、あなたを１００％理解しないし、あなたも他人を１００％理解できない。

あなたは、自然体で自由に言いたいことをいい、やりたいことをやって生きればいい。

そしてもう一度、Ｐ１４１の「昼の時代のしあわせの流れを知る」を読み返してください。この生き方を血肉にしてエネルギーを上げ、あなたらしく自由に生きてほしいと願っています。

第6章　本当の自分へのパスポート

ＮＥ運命解析学を解析するにあたり、「人生の羅針盤」ともいえる『本当の自分へのパスポート』を発行しています。このパスポートは、すべての運命プログラムが書かれたライトマスターチャートの情報量からすると、約半分の内容になります。それでも、多岐にわたる運命プログラムの解析データをわかりやすく簡単に観ることができます。

いってしまえば、自分のパスポートを読むだけでも気づきが多く、運命をレベルアップさせる〝オンリーワン〟のメッセージ集といえます。

『本当の自分へのパスポート』の内容は全33ページからなり、体験版ライトコンパスシートとは違い、本質、社会・移動、仕事、メンタルニーズ、財、結婚・パートナーの6フィールドにすべてのキャストが出揃います。

図1のように、6フィールドに入るキャストの内訳と、人生80年分のタイムキャストに入るキャストも

PERSONAL DATA

本質	才能ある孤高の大将軍 （大将軍・変革者・アーティスト） ラッキー妹貴人・布袋さん・フウテン
社会・移動運	自己犠牲になりすぎる奉仕家 （奉仕家・頑固者）
仕事運	芸術性のあるハンターの王さま （王さま・ハンター・クリエイター） デビル・花魁
メンタルニーズ	皇后
財運	独善的で冒険心に富む親分 （親分・突撃隊長・剣士）
結婚・パートナー運	**ラッキー姉貴人・刺客** **★ハンターの王さま** **（王さま・ハンター）**

TIME CAST

5～14歳	才能ある孤高の大将軍 （大将軍・変革者・アーティスト） ラッキー妹貴人・布袋さん・フウテン
15～24歳	浪費家の大統領 （大統領・妄想家）
25～34歳	皇后
35～44歳	ロマンティックな賢人 （賢人・巫女） 学問オタク
45～54歳	芸術性のあるハンターの王さま （王さま・ハンター・クリエイター） デビル・花魁
55～64歳	**研究家・リーダー**
65～74歳	自己犠牲になりすぎる奉仕家 （奉仕家・頑固者）
75～84歳	援助の多い統率者 （統率者・助言者） 教授

図1

一目でわかります。

さらにＮＥ運命解析士が、解説セッションを行うことで、より深い意味を知ることができます。

ここからは、事例を通してＮＥ運命解析士が行う『本当の自分へのパスポート』のセッションまでのステップ解析をご紹介します。

Kさんのケース　女性【１９６３年11月13日９時22分佐賀県生まれ】

マスターオブライフ協会のＨＰにある無料体験版ライトコンパスシートをダウンロードすると、図２と図３を見ることができます。

Ｋさんのお悩みは、「30年以上専業主婦をしてきたが、このまま家政婦のような生活で人生を終えるのは嫌。世の中のためにこんな自分でも役に立つことがあるはず、それを知りたい」というものでした。

無料のライトコンパスシートではよく理解できないので、まず有料（３０００円）でライトコンパスシートのセッションをＮＥ運命解析士に依頼されました。

【ライトコンパスシート 表面】

NE 運命解析学
K さん

◆ あなたの人生が開花するライフナビゲーション&ナビゲーションキャストとは?

ライトコンパスの中の矢印の示す向きが、あなたの人生が開花する方向性です。6つある中でひとつをさしています。それをライフナビゲーションとしています。まず、そこに向かい日々実践、チャレンジしていくことで、自分らしさを発見でき運が拓いてきます。その結果、あとの5つがついてきます。間違った方向性を生きると、遠回りになります。

1.本質…本質・種とライフナビゲーションの方向性が同じ人なので、種を開花させる事が重要です。まず徹底的に自分の個性、傾向、潜在性、特徴、才能など、あらゆるスキルや経験を通じて理解し、自信を持って生きられるようにすることです。自身の才能を認め、伸ばし、価値として堂々と提供できていると思えるようになれば、素晴らしい人生となります。

2.社会…自分の本質に合った良き環境選びが重要になります。人や社会に影響されやすい事もある為、自分の軸や意見をしっかり持っていないと環境に振り回される傾向となります。自分が縁した社会環境から大いに学び、その中からチャンスを掴み、どんな環境においても、自分が培った才能やスキル、価値を提供し、その環境がより良く発展できる一端を担えると、人生が開花します。

3.仕事…人生は仕事が中心となります。ただし、これからは自立の方向性に向かうので、人に指示命令され従うだけで良しとする仕事からは、脱却しなければいけません。自分の仕事のスタイルをしっかり打ち立てることです。自分の適正にあった仕事を通じて自己を磨き、仕事が上手くいけば、後から、喜びがついてくる人生です。

4.メンタルニーズ…人生の選択の基軸は、常に自分の心の声に従うことです。内なる感性を培い、外部の常識や頭の声を聞いて生きるのではなく、心の声に素直に従うことを心がけましょう。その為に重要なことは、一人でいる時間や、あなた自身の生き方を大事にすることです。それを極めることでプロとなる可能性を持つ人です。

5.財…本来、お金に縁をし、恵財的な豊かさを得る計画性と感性があります。その術を磨くことを心掛けましょう。ただし、その財を自分のためだけに使うのではなく、人や社会に循環させることで、真の豊かさを得る力が発揮されてくるでしょう。財の循環を重視することで、すべての運がついてきます。

6.結婚・パートナー…良き結婚相手、人生のパートナーを見つけましょう。良き相手を選べば、家庭や二人の関係性が基盤となり、人生が発展していきます。ただし、これからの生涯のパートナーは、異性に限らず、同性、友人、ペット、ロボットでも良いでしょう。相手を間違うとパートナーによる苦労で人生が翻弄されます。

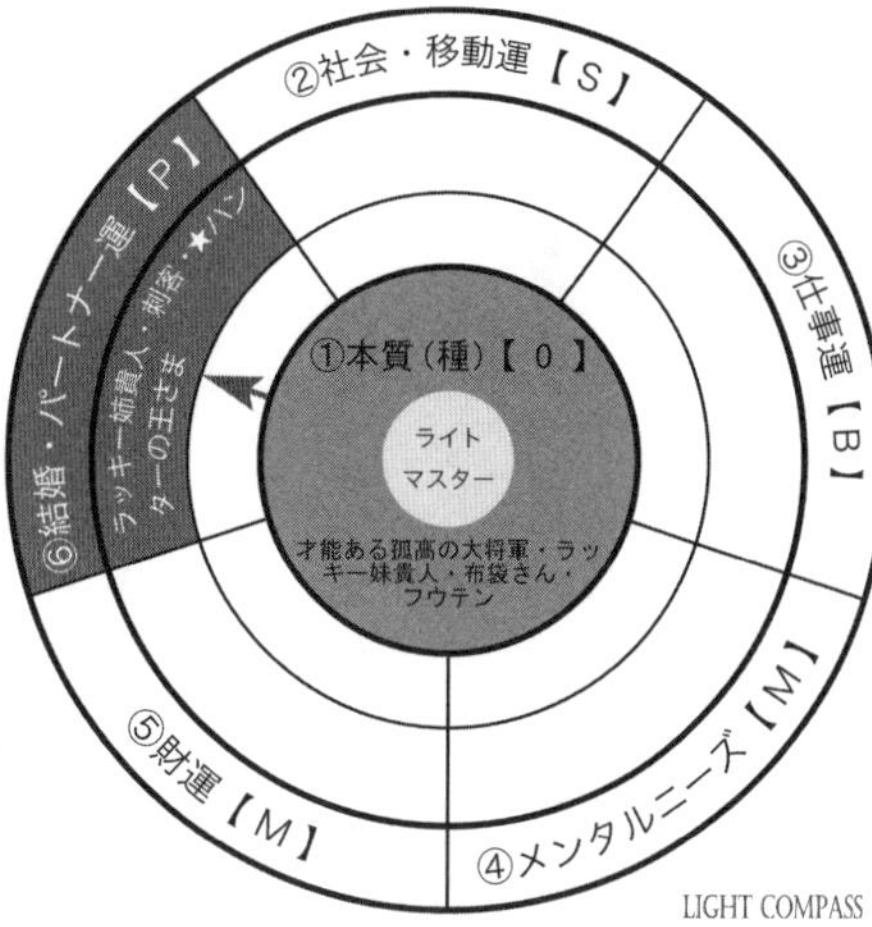

◆ 光キャスト・闇キャスト

光キャストとは…本質のキャストに基づいた自分を生きている人
闇キャストとは…本質ではなく他人を生きているような人

さて、あなたは今、光、闇、どちらのキャストを生きていますか?

光のキャスト	闇のキャスト
王さま	門　番
賢　人	隠遁者
大統領	護　衛
大将軍	歩　兵
博愛人	逃避家
親　分	子　分
皇　后	女　中
巫　女	呪怨者
ハンター	亡　者
研究家	毒舌家
奉仕家	道化師
統率者	下　僕
突撃隊長	後方隊長
変革者	傍観者

図2

図2の体験版ライトコンパスシートの表面には、中央のライトマスターと書かれた下に、本質のキャスト名が記されています。

Kさんの場合、【才能ある孤高の大将軍、ラッキー妹貴人、布袋さん、フウテン】と、多めのキャストが入っています。


そして、結婚・パートナー運に赤い矢印が向いているので、運と人生を開花させる方向性は【結婚・パートナー運】の人となります。

左下にある結婚・パートナーの欄には【良き結婚相手、人生のパートナーを見つけましょう。良き相手を選べば家庭や二人の関係性が基盤となり、人生が発展していきます。ただし、これからの生涯のパートナーは、異性に限らず、同性、友人、ペット、ロボットでも良いでしょう。相手を間違うとパートナーによる苦労で人生が翻弄されます】とあります。


本質が【大将軍】だということや、光キャストを生きた時の大将軍の特性、闇を生きると【歩兵】になるということが裏面にあるのは、何となく理解できたといいます。

「才能ある孤高の大将軍」がどういう特質のキャストで、その下にある「ラッキー妹貴人」「布袋さん」「フウテン」という名前のキャストの意味は何なのでしょうか。

【ライトコンパスシート 裏面】

大将軍

忠誠心　実行力　管理能力　剛胆　剛毅　質実剛健　実直

行動力、決断力があり、ものごとを着実にこなす実行力を持ち合わせています。実直で、忠誠心もあり、真面目な性格のあなたは、お金や実務などの管理能力にも長けていて、職場などでは周囲からの信頼も厚く、頼りになる存在です。性格に裏表がなく、豪快な一面があるため、周囲からは「ガテン系」「体育会系」と思われているフシがありますが、多少のトラブルがあってもへこたれず、鉄砲玉のようにパワフルに乗り超えていく精神力があります。現実を見すえて的確な状況判断ができるので、実働部隊として結果を残せる人材となるでしょう。

行動力があるがゆえに、いったん「こう」と決めたら、ともすれば全体を見渡さず、鉄砲玉のように独断に走りがちです。短気を起こして人と衝突したり、逆に、上手く行かないことで、無気力になったり、指示待ち人間になると、歩兵のような位置にいて、自分らしさを発揮できていない証拠。ときには周囲の人の助言に耳を傾け、全体を把握、落ち着いて行動する姿勢を忘れないようにしましょう。大将軍のような一段高い位置から、環境や人間関係を見渡し、行動することで運が拓けてきます。

短気　集団主義　滅私奉公　ネバならない　指示待ち

歩兵

図3

Kさんの「本当の自分へのパスポート」

✽あなたの本質は？そしてあなたは今、
光、闇、どちらのキャストを生きている？

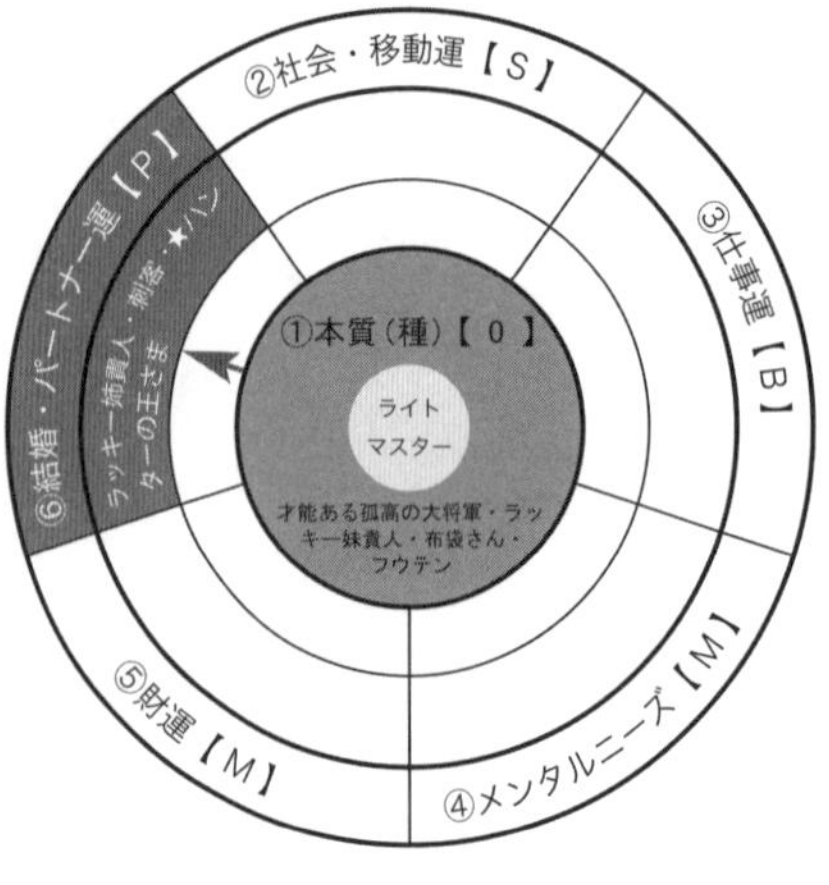

その中でも特にあなたは…
才能ある孤高の大将軍・
ラッキー妹貴人・布袋さん・フウテン

非常に独創性と芸術性が強く、なかなか自分を曲げず頑固な部分もみられます。自分本位で何かを成そうとする傾向にあるので、若い頃はうまくいかないことも多いですが、「独自なものは独自」と理解した上で、自分の経験、個性を味わい、磨ききることで自分自身も活きてきます。世の中や人に合わせる必要もなく、冒険する経験を若い頃にすることも必要です。例え困難に遭遇しても、乗り超えていけるだけの力を備えています。＊聡明で賢く威厳があり、名声を得ることができるようになります。友人知人が多く、異性からの援助も受けることになります。比較的若くして、良いパートナーと巡り合うようになります。＊福分厚く、人生で衣食住に困るようなことはありません。気前が良く、人にいろいろと振る舞うことを好み、その結果多くの友人から慕われるようになります。このキャストは幸運の象徴でもあります。＊一か所になかなかとどまることができない傾向となります。逆に動き回ることで、運をつかんでいきます。移動の乗り物や運転技術者としても活躍できます。

ライトマスターチャート

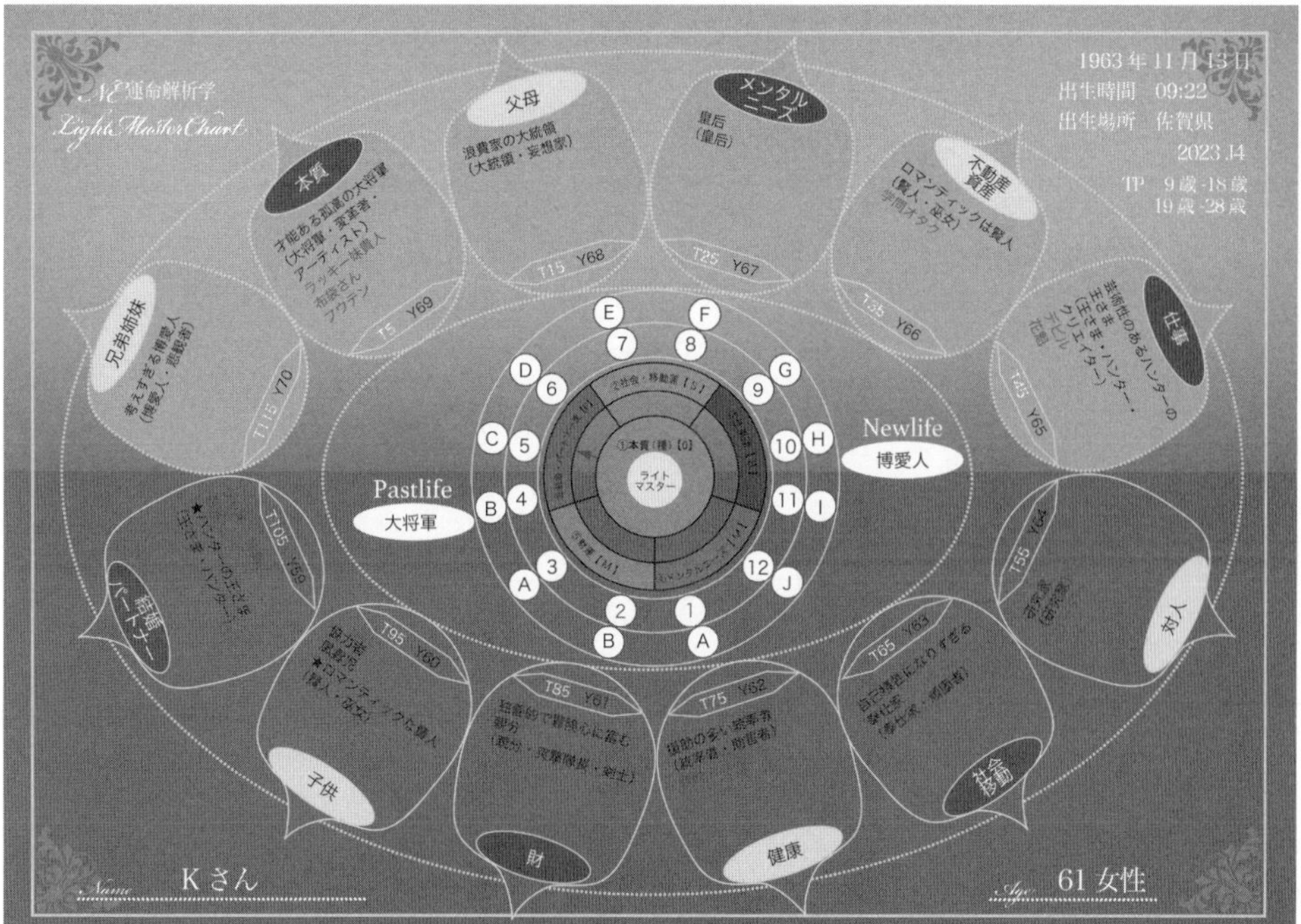

そのことを踏まえて、本質を開花させ、徹底的に自分の個性や才能を知るとはどういうことなのか、かつ自分はどんな仕事が向いているのかをお知りになりたいということで、『本当の自分へのパスポート』を購入していただき、本格的なNE運命解析士のセッションを受けることになりました。すべての運命が書かれた運命プログラム「ライトマスターチャート」は、「本当の自分へのパスポート」とセットで送られてきます。

●Kさんの悩みに対する総合的な解説

本質の「才能ある孤高の大将軍」は非常に独創性と芸術性が強く、世の中や人に合わせる必要がありません。自分の経験や個性を味わい、磨ききることで自身が活きてきます。また、指示や命令に従うのではなく、自分で独立をしていったほうが良いキャストになります。

一緒に入っている「ラッキー妹貴人」の聡明さ、異性からの援助を賢く活かすことで、才能を発揮する場も増え、人生開花が加速します。

「布袋さん」は唯一の神様キャスト。幸運の象徴でもありますが、恵まれていることが当たり前になってしまうと、感謝不足となり、怠慢や停滞を引き起こすので注意が必要です。

さらに、本質に「フウテン」が入っていることから、Kさんは1箇所に留まるよりも、動き回ることで運を掴んでいく方でもあります。

結婚されて30年以上経つKさん。結婚相手というのは、往々にして過去世において敵同士の関係が多いです。お互いに過去で蒔いた種を刈り取り、魂を進化成長するための相手として一緒になっています。ライフナビゲーションが結婚・パートナーに向いているKさんは、特にその傾向が強いといえるでしょう。夫婦生活で直面する課題から学びきることで、人生と運が飛躍するのです。

本質に「ラッキー妹貴人」があるので、比較的若くしてパートナーと出会う傾向がありますが、結婚・パートナーのキャストは「ラッキー姉貴人、刺客、★ハンターの王さま」。生活のさまざまな場面でスムーズにいかないことが起こりがちで、結婚相手は多淫傾向も伴います。

離婚するには至らないまでも、Kさんが精神性や寛容性を磨くことが肝要です。困難があっても乗り越える力をつけると、結婚生活も良いものとなり、ひいてはKさんの人生全般をレベルアップさせることができるプログラムとなっています。

しかし、Kさんはそもそも専業主婦に向いているのでしょうか。

Kさんの4つのコアは、「大将軍、王さま、奉仕家、親分」。総合的に観ると、専業主婦では収まらない器であることがみてとれます。

では、Kさんはどんな仕事が向いているのでしょうか。

Kさんの仕事運は「芸術性のあるハンター、デビル、花魁」です。

結婚・パートナー運とは…

NE 運命解析学では、あなたの結婚相手はどのような傾向を持つ人か、その人の恋愛の傾向、結婚向きなのか結婚には不向きなのか、相手との結婚後の関係性はどのようなものかを観ます。ただし、これからの時代は結婚の概念が変わります。「結婚は人生の選択の1つ」となりますが、パートナーはいた方が心豊かな人生になります。パートナーは、これからは異性でも同性でも、ペットでもロボットでも良いと言われます。心が通い合い、愛というテーマの元に、互いの魂の進化成長のために、磨きあう時間を共有できる相手となります。

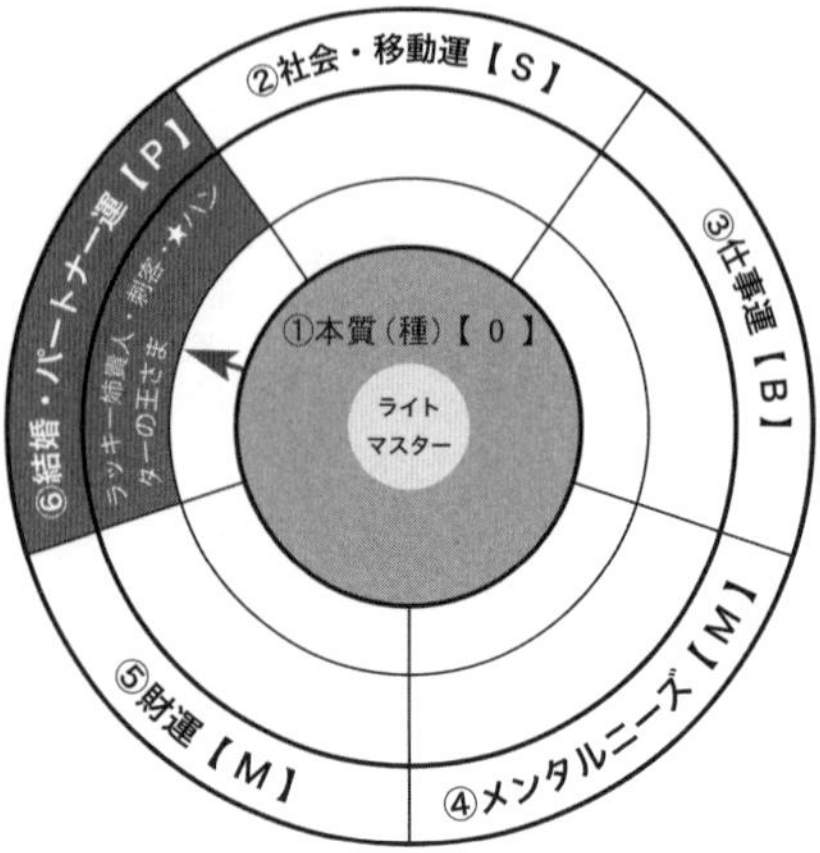

✽結婚・パートナー運に入るキャストで観る、あなたの結婚・パートナー運

ラッキー姉貴人・刺客・★ハンターの王さま

あなたは結婚することで運があがりますが、生活のいろいろな場面で、スムーズにいかないことも起こりがちとなります。精神性や寛容性を磨き、困難があっても乗り超える力をつけると、結婚生活はとても良いものとなります。★（このキャストのエネルギーは微弱です）あなたの結婚相手は、教養にあふれパワフルで社交的、大胆で魅力的な傾向となります。あなたは結婚により、身分や地位の向上もあり、経済的にも恵まれ、楽しい生活になりますが、相手は多淫傾向ともなります。あなたの結婚相手は、普段から仕事や遊びで忙しく飛びまわり、異性にもモテるため、浮気に悩まされる可能性もあります。離婚するまでには至りませんが、相手を労わりコミュニケーションを欠かさないことが肝要です。男女ともに年齢差がある方が上手くいきやすいでしょう。

仕事運とは…

NE 運命解析学では、あなたはどんな仕事に向いているのか、職業・職種・仕事のスタイル、組織型か独立型か、発展できるかできないかなどを観ていきます。ただし、これからは、雇われることのみが仕事ではなく、ひとりひとりが「自立」していく時代に突入します。仕事は自分の魂に則った道で、楽で楽しく、喜んで人に喜ばれることを「志事」にしていく時代となります。ここに書いているのは、そこを見出すステップです。

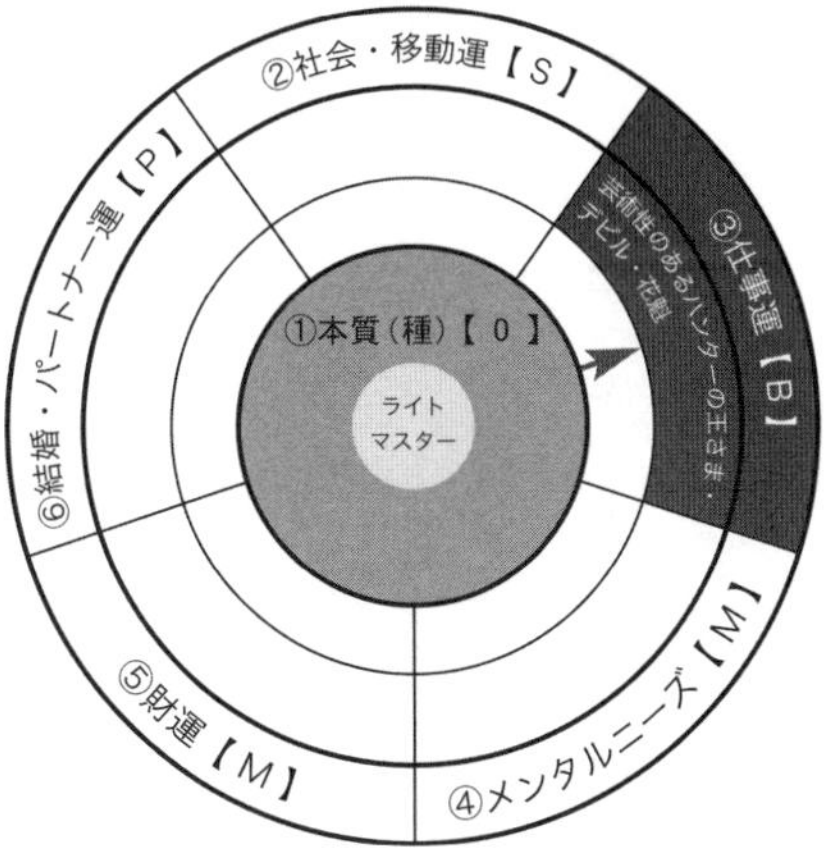

✽ 仕事運に入るキャストで観る、あなたの仕事運

芸術性のあるハンターの王さま・デビル・花魁

民間機関や起業、独立には向きますが、公的機関には向きません。社長、起業家、実業家、マネージャー、芸能界、飲食娯楽経営者、レジャー・イベント関連、政財界、リーダー。企業においては野心が強く、金銭や異性関係でトラブルに巻き込まれやすい傾向がある為、金銭、異性の誘惑の多い分野は避けた方が良いです。目的意識をきちんと持ち、自ら周囲の人々を助けること、又助けてもらいながら前向きに取り組めば大いに発展していきます。＊こだわりが多く、やや固執的な傾向を持ちます。頭の中でずっとぐるぐると悩み続けたり、何かと困難や不都合につきまとわれますが、突発的な災難に遭遇しても、それを乗り超えることで、急激に成長し成功したりします。＊仕事先や仕事場で異性の虜になり仕事に影響を及ぼし仕事を追われることにならないとも限りません。注意が必要です。

本質の独創性と芸術性が強い「才能ある孤高の大将軍」と照らし合わせても、Kさんはご自身の個性を活かし、クリエイトな仕事をしていくことが向いているといえます。

孤高とはいえ一匹狼のようにではなく、自ら周囲の人々を助け、また助けてもらいながら前向きに取り組むと大いに発展します。ただ、仕事上では異性関係でのトラブルも起きやすいので注意が必要です。

メンタルニーズからは仕事に、子供からは財に布袋さんが飛ぶことから、心の声を大切にすることで仕事が軌道に乗り、お子さんとの学びや、何かを生み出すことが財となるでしょう。

30年以上専業主婦であるKさん。「今さら遅すぎるのでは」という懸念もお持ちなので、タイムキャストからも読み解いてみましょう。

10年のタイムキャストは「研究家、リーダー」。

集中力も高まり、ご自分の興味と関心のあるものを深堀る時期となります。言葉による表現も得意となるので、ご自身が深堀ったことを、わかりやすく世の中に広めていくことで発展していきます。

また、2023年のタイムキャストは「協力者、風雲児、★ロマンティックな賢人」。

瞬時の判断力と行動力が冴え、多くの友人や知人、援助に恵まれる一年となります。感性やインスピレ

45～54 歳	芸術性のあるハンターの王さま・デビル・花魁

人生で束縛を嫌い、何でも手に入れたい、集めたいという気持ちが強くなる時です。行動力も達成力も強くなり、思うことは叶いやすいパワフルな時です。新たなことにチャレンジしたり、自立や独立を考えているなら、時期としても良いでしょう。特に芸術性のあるものに興味を持ちます。男女とも異性にモテる時期でもあるため、酒食や異性との縁も多くなりますが、度を越すとトラブルになりやすいので注意が必要です。＊何かと困難や災難につきまとわれますが、突発的な災難に遭遇しても、それを乗り超えることで、かえって急激に成長し成功していきます。＊ままならない異性に溺れやすい傾向の時期です。相手を見極める目を養うことが重要です。

55～64 歳	研究家・リーダー

この時期、集中力も高まり、自分の興味と関心のあるものを学び始めたり、研究したりするでしょう。言葉による表現も得意となり、自分が研究、探求したことを、分かりやすく世の中に広めていくことで発展していきます。また歌手や俳優、講演家、講師といった「口」を使い、表現する職業にも興味を持つかもしれません。ただし「余計な一言が多い」など、言葉のトラブルに注意が必要です。＊権力や地位、リーダーとして高い地位に恵まれる時です。中途半端なことが嫌いで、何をするにもしっかり筋を通します。時に善行を行い、人に教え諭すこともあります。結果、人々に慕われ、信頼されていきます。

【2023年あなたの運勢】

Kさん　　1963年11月13日09:22 佐賀県 女性

あなたの10年【55～64歳】に影響している
タイムキャストと運の傾向、生き方の指針

研究家・リーダー

この時期、集中力も高まり、自分の興味と関心のあるものを学び始めたり、研究したりするでしょう。言葉による表現も得意となり、自分が研究、探求したことを、分かりやすく世の中に広めていくことで発展していきます。また歌手や俳優、講演家、講師といった「口」を使い、表現する職業にも興味を持つかもしれません。ただし「余計な一言が多い」など、言葉のトラブルに注意が必要です。＊権力や地位、リーダーとして高い地位に恵まれる時です。中途半端なことが嫌いで、何をするにもしっかり筋を通します。時に善行を行い、人に教え諭すこともあります。結果、人々に慕われ、信頼されていきます。

55～64歳の10年のキーワード＝上下の人間関係・上司部下

【2023年】のあなたの運の傾向、生き方の指針

ラッキー姉貴人・刺客
★ハンターの王さま
(王さま・ハンター)

聡明で賢く威厳があり、名声を得ることができるようになります。友人知人も多く、多くの人から常に援助を受けることになります。＊この時期、意外性から人前で特に目立つ存在となりますが、内的葛藤や闘争が起こりやすいかもしれません。短気でせっかちになりやすい反面、孤独を好む傾向にもなります。自己をしっかり見つめ、ひとたび自己変革が起これば、大いに飛躍します。★人生で束縛を嫌い、何でも手に入れたい、集めたいという気持ちが強くなります。行動力も達成力も強くなり、思うことは叶いやすいパワフルな時です。新たなことにチャレンジしたり、自立や独立を考えているなら、時期としても良いでしょう。男女とも異性にモテる時期でもあるため、酒食や異性との縁も多くなりますが、度を越すとトラブルになりやすいので注意が必要です。

今年のキーワード＝結婚・パートナー・財・お金

※★のキャストの場合はエネルギーが弱い時で、キャストの影響は５～7割です。
※通常、キーワードは2つないし3つですが、1つしかない人の場合は、今年はそのキーワードが強くでるものです。
※NE運命解析学®は数え年でみます。

ーションにも優れるので、その感性を創作に活かすことで吉となるようです。

2023年のキーワードは「子供」。

お子さんとの学びや、ゼロから創造することを積極的に取り組むとさらに発展するでしょう。つまり、Kさんのもともと持っている性質、才能のみならず、タイミング的にもクリエイティブな仕事を後押しする流れが、まさに今、来ているといえるのです。

Kさんと同様に、「今さら遅すぎる」と思われる方も多いですが、私たちの人生は、今世のみではありません。輪廻と転生を繰り返し、その度に種を蒔き、刈り取り、次の生を生きやすくも生きづらくもしているのです。

人生はいつでも軌道修正ができます。その転機は、年齢に関係なく、その人のベストなタイミングでやってくるのです。

第7章 運命をレベルアップさせたケース

この章では、ＮＥ運命解析学を学んだＮＥ運命解析士が、世にあるさまざまな問題やケースを抱えたクライアントのご相談を受け、運命プログラムを読み解き、問題解決や、運命のレベルアップに向けたアドバイスをしています。

お一人ひとりに対して宇宙人生理論の考え方や、新たな認識やヒントを提示し解決されたケースを、対話形式でご紹介していきます。

case 1

借金

借金で生活が苦しい……日々不安で押し潰されそうです

自分を変えたくて、高額なセミナーに参加したり、スピリチュアルグッズや占いにお金を費やしてきましたがまったく変われないまま……。

返済しても、返済しても、借金が減りません。もうこの不安から逃れたい！　どうすればよいのかアドバイスをお願いします。

（Aさん／30代※女性）

※ご相談当時

NE運命解析士（以下、NE）：「自分を変えたくて」とのことですが、具体的にどのような状態から、変わりたいと思われたんですか？

A様：相手の有責で婚約を破棄したんですが、その元婚約者が3年足らずで結婚したんです。私は元婚約者のせいで体を壊したうえ、婚活も傷つくことばかりで、彼だけ幸せになるのが許せなかった。だから、彼の不幸を願って呪符にまで手を出してしまったんです。でも、使う前に我に返ったんですよ。「あー、人の不幸を願うまで落ちてしまった。こんな人間は最低だ！　恨みを抱いて生きるのはもう嫌！」

だから、変わりたいと思ったんです。

NE：そうだったんですか。私も経験があるのでお気持ちお察しします。

A様：母からは「命をつないでほしい」とずっと言われているのですが、母は難病でいつ亡くなってもおかしくない状態で。結婚すらしていない私に期待しないでほしい！と思いながらも、早く孫の顔も見せてあげたくて。ほぼ強迫観念で婚活をしていました。

NE：そうでしたか。A様の財運は良いのですが、活かせていない理由は、婚活に注力していたことも影

Aさんのライトマスターチャート

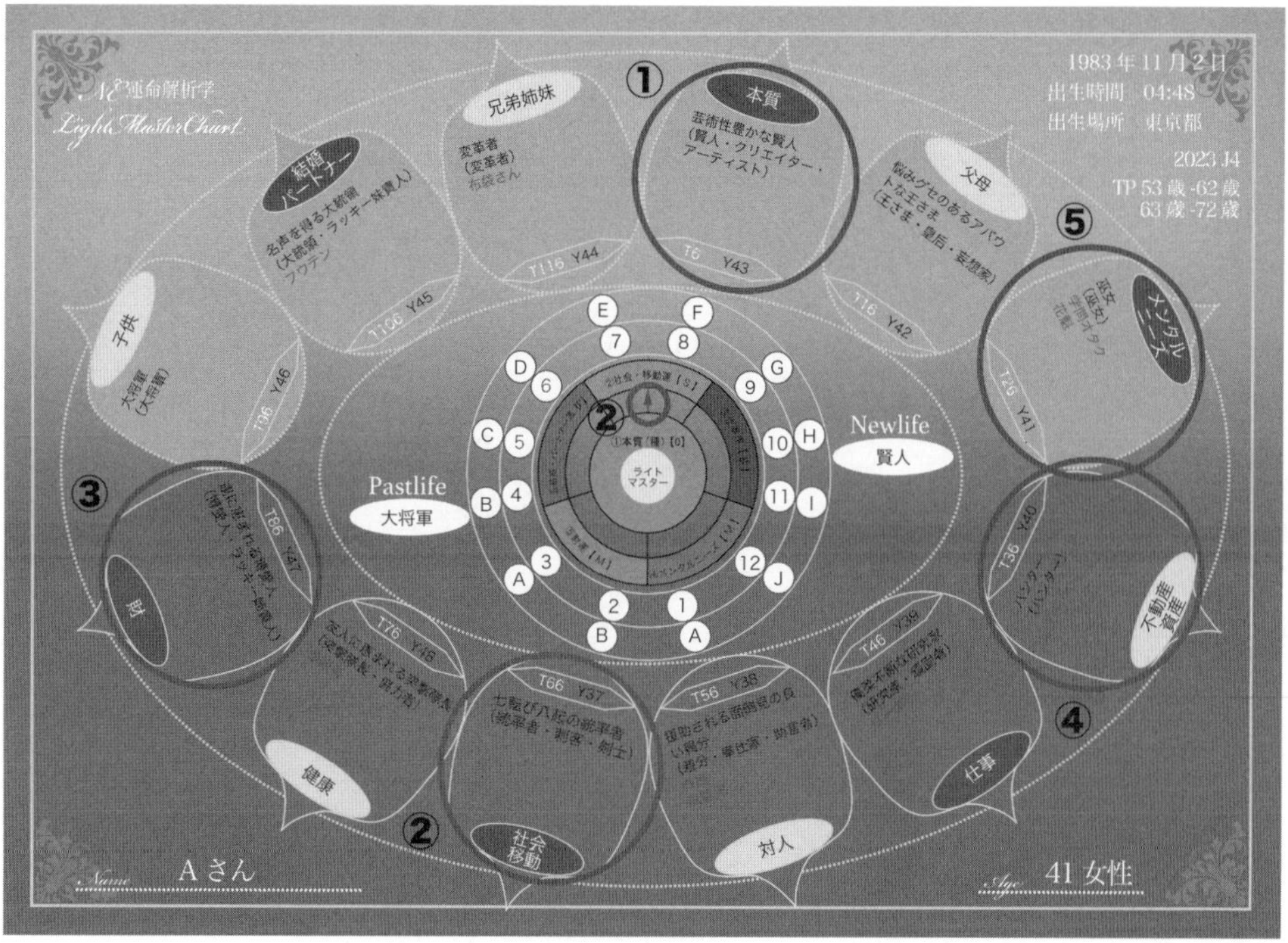

※年齢は本書執筆当時

響がありそうですね。一緒にデータを見ながら解決しましょう。

まず、A様の本質は「芸術性豊かな賢人」です。賢人にアーティストとクリエイターが融合されたキャストになります。**（P191ライトマスターチャート内①）**

知的で直観的、芸術性を好み、探求心も旺盛な方が多いです。知識を獲得し、得た知恵を発揮したいという欲求や、精神的なもの、森羅万象に興味を持つ傾向にあります。A様はいかがですか？

A様：そうですね。昔から自然が大好きで、すべてのものに精霊が宿っていると信じてきました。芸事でいうと、ダンスを小学1年生の頃から習っていて全国大会にも出ています。知的かはわかりませんが、昔は本の虫でしたし、成績は良かったです。

NE：そうでしたか。ちなみに、本質を生きられていない場合、才能がマイナスに転じることがあります。たとえば、芸術性豊かな賢人は、不条理が目について耐えられなくなったり、考えすぎて行動に移せなくなる傾向もあり、危機的状況に疎くなる、なんてこともあります。

A様：会社勤めを始めてから、まさしくそんな感じですね。ってことは、ダンスをしていた頃は本質をしつかり生きていて、辞めた後は本質を生きられていないってことですか？

NE：その可能性は高いですね。本質だけでなく、10年毎《ごと》に設定してきている課題も大きく影響していると思いますが、それはまた財運と一緒に説明していきますね。

次に、赤い矢印＝ライフナビゲーションについてお伝えすると、A様の運と人生が開花する方向性を表しているのですが、A様は「社会」になります。社会に向いている人は、身を置く環境や縁をする人の影響をとても受けるので、環境や人選びが大切です。**（P191ライトマスターチャート内②）**

また、ご縁した環境に対して、自分の才能や価値を提供していくことで、人生が開花していきます。

A様：ダンスに関しては、常に先頭で引っ張ったり、教えたりしていました。会社では総務課にいて、賢人の直観力を活かして仕事をしていたと思います。

NE：さすがです！　A様ご自身、本質を生きられていなかったかな？と思われる時期はありますか？

A様：やはり、最初の婚約者に反対されて、ダンスを辞めた頃からだと思います。

NE：わかりました。では財運と10年毎に設定してきている課題を観ていきましょう。A様の財運は「運に恵まれる博愛人」。博愛人とラッキー姉貴人が融合されたキャストで、財運はあるんです。ただ、財に対してあまり執着のない方が多いです。A様はいかがですか?

A様：あー、お金に対しては執着なかったですね。後輩とご飯に行ったら必ずご馳走していましたし。良いものを買って長く使うスタンスだったので、高いものを選ぶ傾向でした。借金するまでは、財力もあったほうだと思うんです。大学費用は両親が立替てくれたのを、2年半で返済しましたから。

NE：なるほど。実はですね、他の傾向としては、ご両親や配偶者の経済力に助けられたり、人望や人脈により財が巡り、極めて困ることはないんですよね。そして、財運は中年から晩年にかけて形成されていきます。**（P191ライトマスターチャート内③）**

A様：え！　ホントですか!!　嬉しい！

NE：はい、基本的にはそうですね。ただし！　財運や時の運を活かすも殺すも、A様次第なんです。先ほどお伝えした、本質とライフナビテーションをしっかり認識して生きていくこと。そして、10年毎に設定した課題に真摯に取り組むこと。この2点ができていないと、運はまったく活かせません。

A様：そうなんですね……。

NE：でも、ここからですよ！　今回、本質とライフナビゲーションはすでにお伝えしましたし、これから認識して活かせば良いのです。なので、次に大切な10年毎の課題について、これからお伝えしますね。

実は、A様が借金を作った時期は、ちょうどタイムキャストが変わった時期。今年、数えが37歳だと思いますが、まさに、これから約10年続く運の傾向と課題になります。配置されているキャストは「ハンター、デビル」です。**（P191ライトマスターチャート内④）**

ハンターの時期は、目標さえしっかり定めてゴールに向けて頑張れば、何でも達成できるだけのパワーがある時になります。ただ、本質を生きていないと活かせない。それどころか、「デビル」が突発的な災難を起こしたり、ハンターの良さをかき消して、ハンターの欲望に素直なところを増長させてしまう。

結果、1つひとつやり切れば良いのですが、横滑りであれもこれもと手を出して、浪費しやすい時期でもあるんです。

A様：まさにそうです。えー！　これから10年続くんですよね？　どうしたらいいんですか？

NE：まずは、借金完済を目標にしてやり切ってください。これからの時代はライフワークで自分で立つことが大切ですが、A様はその前の段階です。ライスワークでもいいので、とにかく借金を返す。

その経験がA様の財産になり、借金がなくなるとエネルギーの流れが良くなります。楽をしようと思ったら足元をすくわれると思ってください。借金を返し終わったら、次のことを考える。目標さえしっかり定めて邁進すれば、達成できるだけのパワフルな時期です。焦らず、コツコツと、ね。

ちなみに、「ハンター、デビル」の1年目で借金をドカンと作ったのは、最初にお伝えした通り、婚活に注力していたその前の10年とも関係ありますね。

A様：あー、やっぱり本質を生きてないみたいな？

NE：それもあります。この10年は「巫女、学問オタク、花魁」の時期。**（P191ライトマスターチャート内⑤）**

ここではマルっと10年婚活していて、2度婚約破棄をされていますよね？

A様：はい……。

NE：A様は「お母様のために」と婚活を励まれたのもあると思いますが、この時期は花魁が入っているので、異性とのトラブルが生じやすいんです。それに、A様が注力すべきは本質を活かして社会や人の役に立つことです。ライフナビゲーションが社会に向いていますし。

あと、巫女や学問オタクが入っている時期は、芸術や学術で才能が発揮され、創造していくことで発展していく時期でもあるので、さらに本質を活かしやすかったかと。

A様：はぁ、やり直せるならやり直したい……。

NE：私も自分のパスポートを取った時、同じように思いました。でも、思い返すと善きタイミングだったと思います。A様の場合も、この流れで良かったんじゃないでしょか。借金を作ったからこそ、目が覚めて、パスポートを取得しようと思われたんですよね？

A様：そうです。

NE：しかも、「ハンター、デビル」の1年目で、です。

A様：あー、そっか！　残りの9年は今回教わった点を注意していけばいいんですね。

NE：その通り！　あとは、本質とライフナビゲーションをしっかり認識して、伸ばすところは伸ばし、才能は社会や人に役立て、課題はきちっと取り組んで乗り越える。そうすれば課題も才能に昇華していきます。A様なら3年あれば借金も完済できると思いますよ。

【後日A様からいただいた感謝のメール】

お久しぶりです。借金完済できました！　2年前は生きるか死ぬかの瀬戸際でしたが、セッションのおかげで、地に足をつけて進むことができました。セッション後、借金完済を第一目標に挙げ、少しでもライフワークに近い職を選び、地道に返していきました。

何度も自己投資のためにお金を使いたくなりましたが、その度に今やることかどうか問いかけて、借金返済が最優先と、誘惑を断ち切ってきました。と同時に、自分の才能を社会や人に役立てることや、教わった恵財的に裕福になる方法（P144参照）を取り入れて生活してきました。

そんな生活を始めて3か月ほど経った頃に、夫と出会い、今は幸せに暮らしています。夫と出会えたのは、今思えば、自分を生きる覚悟をした私への応援だったんじゃないかと。というのも、夫が借金の1／5を立て替えてくれ、利息で上乗せされる分がグッと減った上に、私の給料はすべて借金に充てていいよ、と言ってくれたんです。それに、私が結婚する時に渡そうと思っていたと、母がずっと貯めておいたお金をくれて……。「両親や配偶者の経済力に助けられる」と財運で説明していただきましたが、覚悟を決めて生きることで財が巡るようになるんだと、強く実感しています。夫と母のお金はこれからコツコツ返していきます。

藁にもすがる思いでセッションを申し込みましたが、おっしゃっていた通り、私にとってはベストなタイミングだったのだと思います。

【Aさんの人生年表】

時代	西暦	タイムキャスト	出来事
会社員婚活時代	2006-2016	25-35	総務課に11年勤務、母が難病発症：介護開始
	2007-2016	26-35	ダンスを辞める、相手有責の婚約破棄2回、体を壊す　※⑤
借金時代	2017	36	元婚約者への恨みつらみで呪符に手をだす
			我に返り、自分を変える為に奮闘→借金を作る　※④
			【借金内訳】
			高額セミナー、恐喝、仮想通貨失敗、借金返済のための借金
	2018	37	NE運命解析学®と出会いセッションを依頼

※P191ライトマスターチャート参照

自分の運命プログラムはもちろん、元婚約者のせいにばかりしていた自分に気づけました。すべては私自身が選択してきた結果であり、起こることはすべて自分への気づかせや鍛錬として自分が設定してきたもの。そう思えるようになってから、乗り越えられないものはないような気がしています。感謝！

case
2

人間関係

友人がいつも離れていきます。陰では私の悪口も。もう耐えられません

昔から仲の良い友人がいつの間にか離れてしまい、自分の悪口を言っていることを知って傷ついてきました。小学生の頃にいじめに遭い人間不信にも。なぜ、こんな目に遭わなければいけないのでしょうか？

（Oさん／50代※女性）

※ご相談当時

NE：友人関係で悩んでいらっしゃるとのことですが、まずご両親との関係をおうかがいしてもよろしいでしょうか？

O様：私は三人姉妹の長女で両親はとても厳しい人でした。父親は口より先に手が出る人で、特に同居の祖父は一度怒ると手が付けられなくなり、家族は祖父の機嫌をうかがいながら暮らしていました。「女性はこうあるべき」という考えのもと、自分の意見も自由に言えない窮屈な家庭だったと感じています。

NE：小学校のときも、いじめで悲しい思いをしたそうですね。

O様：はい。楽しい学校生活を送ったと思えないくらい、ひどいいじめを経験しました。自分は悪くないのになんで？と、親にも言えない毎日で。つらさから逃げるように人に対しての恨みを積もらせて、今思うと自己憐憫の塊でしたね。

「自分なんて」という思いと、「誰か何とかしてほしい」という気持ちもあり、自分で自分がわからない日々で、あちこち占いをしてもらってきました。でも、何も解決できなかったのです。

Oさんのライトマスターチャート

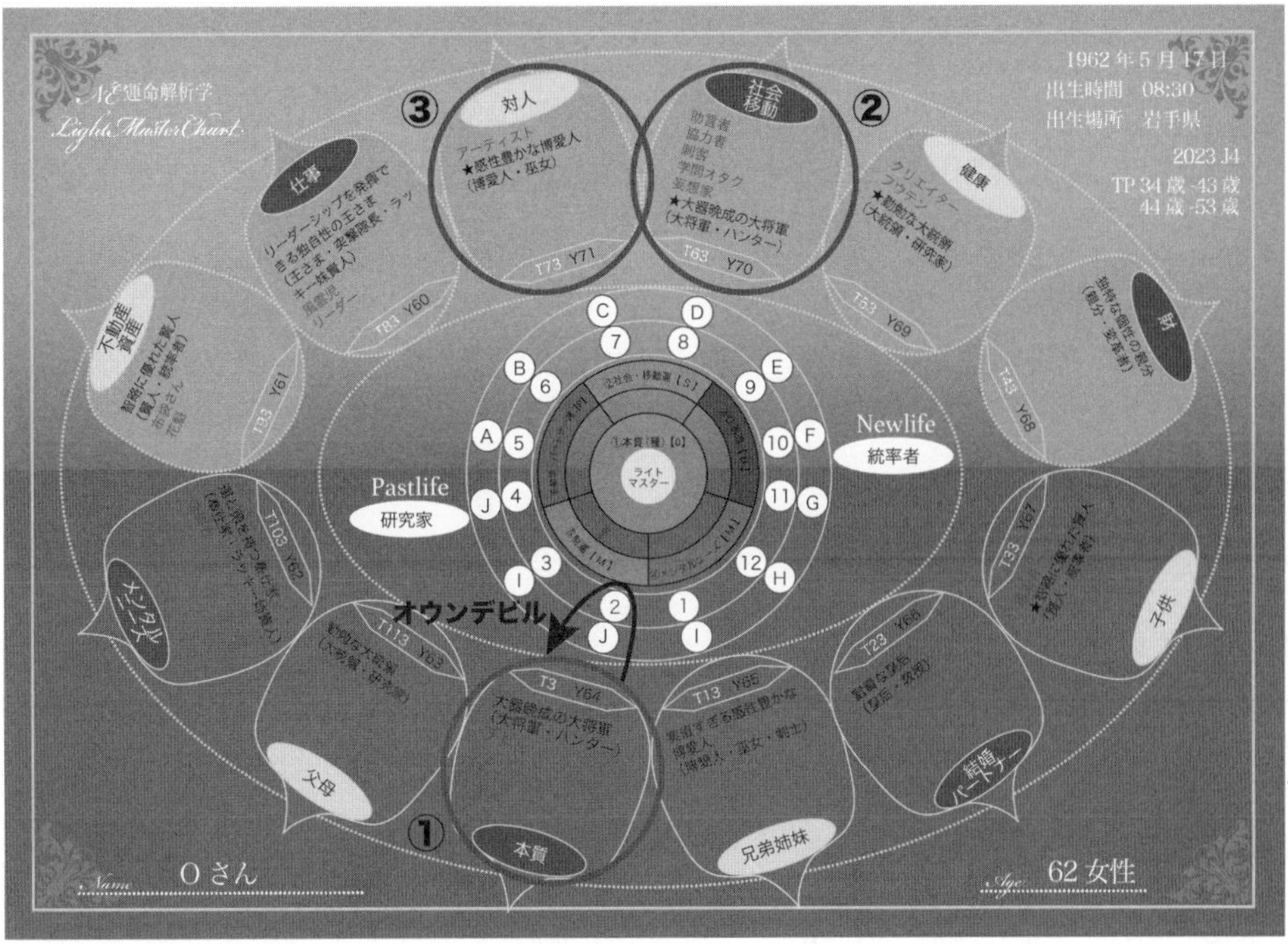

※年齢は本書執筆当時

NE：つらい幼少期を過ごされてきたのですね。O様が人生が苦しいゆえに興味を持ってきたという占いは、いわば「決定論」。今の時代は「認識論」といわれています。自分で自分の人生をクリエイトしていける時代なのです。

今日のセッションで、ご自分の人生を知った上で、「じゃあ、自分はどうしたい？」と自分自身に問いかけるきっかけにしてくださいね。

O様の本質は「大器晩成の大将軍・デビル」。**（P203ライトマスターチャート内①）**

大器晩成の大将軍は実直で真面目な大将軍と、欲望に忠実なハンターが融合されたキャストで、まさに水と油。若いときはバランスが取れずにさまざまなトラブルの人生ですが、晩年になってくると落ち着いてきます。

O様：そうです！　その通りです。若いときは、どちらが自分なのだろうと、自分で自分がわからなかったんです。

NE：大将軍もハンターも、もともと持っているパワーは強いので、しっかりと人生の目的を持つことで、O様の人生も拓けていきますよ。

O様：ありがとうございます。なんだか希望が湧いてきました。

NE：本質にあるデビルですが、NE運命解析学では8つの罪状キャストが存在し、誰にでも入っています。その中でも本質に入っている場合は過去世からの持ち越しであり、人生の至るところで影響が出てきます。

デビルは、罪状の中で一番、重く、不都合を引き起こした原因が自分にあったとしても、気づくことができません。

気づけないがゆえに、視野が狭くなり自己憐憫や自己卑下に陥りやすく、逆にプライドが高く傲慢になったり、すべてを人のせいにするということを、繰り返す傾向となります。

O様：えっ？　それってまさに私です。都合の悪いことはずっと人のせいにしてきました。

NE：さらに認識していただきたいのが、デビルは、マイナス100の罪状だといわれていて、本質の「大器晩成の大将軍」の良さをかき消してしまいがちということです。加えて、NE運命解析学の奥義で読み解くと、「オウンデビル」といって本質に2つデビルがある状態になり、デビルの特徴がますます強まるという傾向になります。（**P203ライトマスターチャート内①**）

O様：それは、何とかなるのですか？　すごく深い罪状ですよね。

NE：大丈夫ですよ。後ほど説明しますが、まずは「認識して」「受け入れる」ことが最も大切です。「同じ過ちを繰り返さないための、思いや考え、行為や行動の再選択」を意識することも重要になります。

たとえば、不都合なことが起こっても、「起こることはすべて自分事」と認識し人のせいにしないことです。

不都合は自分が気づいてない盲点に気づかせてもらう出来事にすぎませんので、「ここで気づくべきこととは何だろう？」と問いかけてください。そして、問いに対してきちんと気づきを得ていくことで、デビルの罪状に陥らず、思考や行動を再選択しやすくなります。

ひとつ深い気づきが起こると、マイナス１００が一気にプラス１００に転換されて、「罪状」が「財状」になる可能性もあるのです。そういった経験を積み上げていく意識を持ちましょう。

O様：はい！　罪状が財状になると聞くと勇気が出てきました。

NE：ご家庭の教育ですっかり大将軍の闇キャストに矯正されていますが、それも、O様がこのような両親のもとに生まれたいと、今回選んだことです。ご両親を恨むのではなく、家庭の中で学んだことをしっかりと受け入れて、自分自身の人生は、自分がクリエイトしていく意識をお持ちください。

さて、人間関係を見る前に社会・移動運を観てみましょう。本質が内面だとすると、社会・移動運は外面。どんな環境や人と縁しやすいか、周りからどう見られる傾向にあるかがわかります。

入っているキャストは「協力者、助言者、刺客、学問オタク、妄想家、★大器晩成の大将軍」と、じつに賑やかですね。**（P203ライトマスターチャート内②）**刺客と妄想家という罪状が入っていますので、自分の考えに固執したり、人間関係で問題が起きやすいという特徴があります。

O様：私は、何かとリーダー的な役割を任されることが多いのですが、人と比べたり、人から批判されるのが怖くて、積極的に社会活動に参加することはありませんでした。

NE：確かに罪状は入っていますが、助言者、協力者という伸ばしどころキャストも入っていますので、積極的に社会と関わって、人を助け社会に貢献していくことで、人にも助けてもらえますよ。それに、人と比べることはエネルギーを落とすだけで何にもなりません。人と比べるのはよしましょう。

O様：人の目が気になってしまっていました……気をつけます。嫌だ、嫌だと逃げ回っていましたが、自分から社会に関わって人を助けていくことで、人にも助けられるのですね。なんだか目からウロコです。これからは、自分に来た役割は積極的に引き受けて、人の役に立つ活動をしていきたいです。

NE：良い心がけですね。そのように認識を新たにして行動していくということが、これからの時代に応援される生き方の一つなのです。

さて、友人関係でお悩みということですので、友人・知人関係も観ていきましょう。これは兄弟姉妹運で観ることができます。**（P203ライトマスターチャート内③）**キャストは「実直すぎる感性豊かな博愛人」ですので、もともと女友達との間では、時々確執が起こる可能性があります。また、突然友人に関する心配事で疲労困憊してしまう傾向もあります。

ここで大事なことは、相手が悪いと決めつけない、精神的な学びをする、自分の器を大きくして相手を認めるくらいになると、友人関係も改善されていきますよ。

O様： なんだかデビルと似ていますね。私、自分ではなく相手がすべて悪い、なんてひどい人なのだろう、なんて自分は可哀想なのだろうって思っていましたから。

NE： そうですね。O様の社会・移動運、兄弟姉妹運を観てみると、人間関係で問題が起きやすいプログラムをお持ちだということは理解できたでしょうか？　さらに本質にデビルが2つあることもあり、原因が自分にあっても気づかず、すべて人のせいにしてきてしまった、とお見受けします。

しかし、運命プログラムは自分で設定してきたことを忘れてはいけません。O様は、人間関係で揉まれて学んでいくプログラムを設定してきたといえます。突発的な困難もデビルの特徴ですが、起きることはすべて意味があり、魂が気づかせたいがために起こしていると、とらえたらいかがでしょうか。

O様： そうなのですね！　今まで嫌なことからは逃げていましたが、起きることには意味があると心して、これからの人生歩んでいきたいと思います。まずは、人のせいではなく、自分事と思えるようにしていきます。

NE：そうですね。ピンチはチャンスです。乗り越えると目線も上がって、また違った景色が見えてくるかもしれません。

【O様からいただいた感謝のメール】

先日は心に響くセッションをありがとうございました。今まで自分が気づかなかったことを指摘していただいたおかげで、本当に大切なものほど気づきにくいのだと、改めて認識することができました。

まずは、毎日何かを積み上げることが有効だとアドバイスをいただきましたので、ブログを毎日書いてみることにしました。いざ始めてみると、意外と何かをコツコツ積み上げるのが得意ということもわかり、自分にも自信が持てるようになりました。

まだまだ何かが起きると、無意識に人のせいにするところがありますが、「起きることは自分事」と呪文のように唱えて、自覚するようにしています。

自分が越えなければいけないことや、なぜこの時期に生まれてきたのかというお話を聞いた今は、一日一日を大切に生きていこうと思っています。もう、逃げることやごまかすことはやめます。友人関係も、今では悪口が耳に入ってくることもなくなり、むしろ応援してくれる人も現れました。

本当に、すべて自分でつくり出していたことなんですね。本当にありがとうございました。

case
3

不登校

息子が不登校で困っています

心理カウンセラーなどあちこち回りましたが、精神安定剤を処方され、「ゆっくり時間をかけて様子を見ましょう」と言われるばかり。事態は変わらず疲れ果てています。

（母親Tさん・息子Iさん／10代※高校生）

※ご相談当時

NE：いつ頃から学校に通われていないのですか？

母親T様：中学3年生の途中からですね。今は通信制の高校に在籍しています。

NE：きっかけは聞いていますか？

T様：中学に入ってから何となく周囲に馴染めなくなったみたいなんですが、中学2年生から3年生にかけていじめがあったようで。人格を否定するような言葉の暴力だったり、わけもなく小突かれたり、持ち物を捨てられたり。

そんなことが続いて学校に行けなくなったと言っていました。でも、当初は私に理由を話すと悲しむと思っていたからか、黙っていて……。気づいてあげることができませんでした。

NE：そうでしたか。優しい息子さんですね。

プログラムを拝見しても、心根の優しさが見て取れます。今の状態をどう脱却するかですが、息子さん本人が、ご自分の特性や伸ばしどころ、注意しておくとよい傾向をまずは知ること。知っていると、今後の人生の中でおおいに息子さんの助けになるかと思いますので、ご本人を交えてのセッションをオススメします。いかがでしょうか？

Iさんのライトマスターチャート

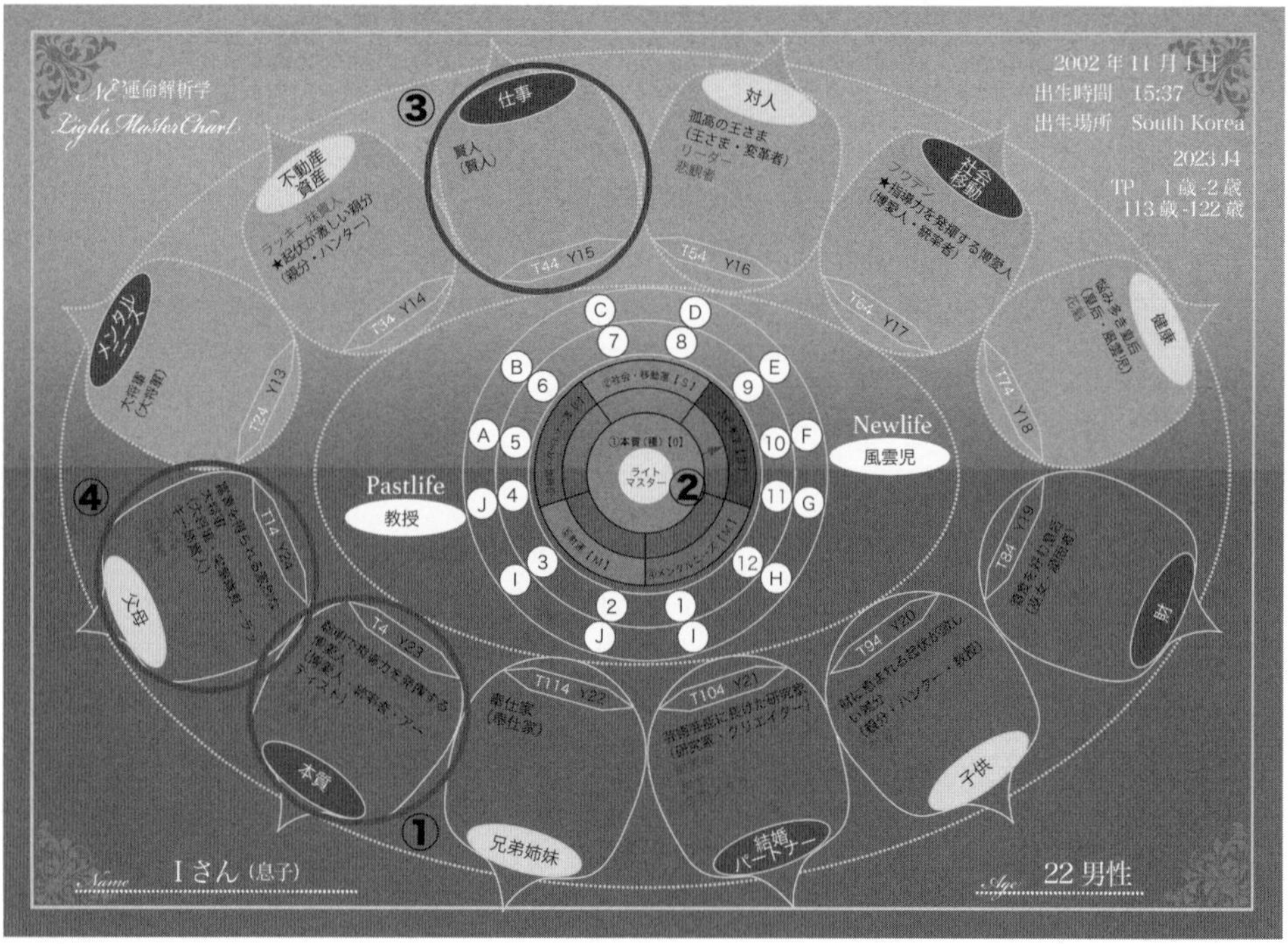

※年齢は本書執筆当時

T様：はい、ぜひよろしくお願いします。

（以下、息子さんとのセッション）

NE：私たち人間はこの世に自分が生まれるとき、自分で自分の運命プログラムを作成してこの世に生まれてきています。その運命プログラムには、特性や伸ばしどころはもちろん、もともと自分が持っている罪状、つまり乗り越えるべき大きな課題のようなものも書き込んでいるんです。

そうした伸ばしどころや課題をしっかり自覚するために、適切なタイミングであらゆる事象が起きるようにも設定しています。

伸ばすべきところは伸ばし、課題からは逃げずに向き合ってクリアすることで、魂や人生を進化させてレベルアップさせる。それがこの世を生きる目的でもあるんです。

息子I様：へー、そうなんですね。

NE：まず、最も大切なI君の本質を観ていきましょう。I君の本質は、「聡明で指導力を発揮する博愛人（博愛人・統率者・アーティスト）」です。**（P214ライトマスターチャート内①）**

非常に聡明で、人を導くリーダーシップを発揮するキャストですね。ほかにもホスピタリティ能力に長け、人をサポートすることを好む傾向があります。

ただし、人に合わせようとするあまり、自分を見失うこともありますので、注意してくださいね。

ゼロから何かを創り出すことにも長けています。

ご自分の本質を知っていかがですか？

I様：そうですね。そうかもな〜と思うところと、自分とはかけ離れてるところとあって、んーって感じですかね。

NE：たとえば、どんなところでしょうか？

I様：そうかも、と思ったのは何かを創るっていう点ですね。モノ作りや設計図を書くのは好きなんで。

あと、ホスピタリティ……というのとは違うとは思うんですけど、昔から悪口や感情をぶつけた人の言い方が苦手で、自分も人にしないように気をつけてきました。相手を傷つけるのがすごく嫌で、だから人に合わせすぎて、疲れてしまった感はあります。

自分とはまったく違うと思ったのは、リーダーシップですかね。それは自分にはない要素だと思っていたので驚きです。

NE：そうでしたか。本質はI君が生まれ持ってきた種で、認識しているものも、認識していないものも、しっかり才能として持っているものなんですよ。
リーダーシップはしっくりこないとのことですが、I君がこれから生きていく中で、その役割を求められるときがくるかもしれません。そのときは、発揮できる才能がしっかりあるので、臆せず挑戦していってほしいと思います。

I様：自信はありませんが……頭に入れておきます。

NE：次に、運と人生が開花する方向を示すライフナビゲーションを観ていきましょう。**（P214ライトマスターチャート内②）**
I君は仕事運に向いていますね。ライフナビゲーションが仕事に向いている方は、人生が仕事中心の傾向になります。
とはいっても、学生のI君は今は学業中心なので、これから仕事を選ぶときに参考にしてほしいのですが、自分の仕事のスタイルをしっかり打ち立てること。自分の適正に合った仕事を通じて自己を磨き、仕事が上手くいけば、あとから喜びがついてくる人生なんです。

キャストは「賢人」と書かれていますね。**（P214ライトマスターチャート内③）**組織、独立、実業どちらでも上手くいきますが、できるだけ束縛されない環境で、高度な知識、専門技術を駆使できる仕事が向いていますよ。

I様：実業って自分で会社を興すことですよね？　束縛されるのが嫌なのもあって、集団行動が苦手なんですけど、だから会社に入って仕事ができるか不安だったんです。……そうか、自分で仕事をつくるっていう道もあるんですね。

NE：そうですね。本質に「人を導くリーダーシップ」と書かれていますしね。

I様：そうか、そういうことか。

NE：では次にいきましょう。お父さんとの間に壁があるように見受けられますが、実際はいかがですか？

I様：はい、父とは顔を合わせないようにしていて、長くコミュニケーションをとっていません。

NE：そうですか。それでは父母運をみてみましょう。父母運のキャストは「富貴を得られる激烈な大将軍（大将軍・突撃隊長・ラッキー姉貴人）、「デビル、妄想家」です。**（P214ライトマスターチャート内④）**ご両親は個性的で負けず嫌い、アクティブに動き回ることを好む傾向があります。家庭環境は恵まれていますが、早いうちから考え方に違いが生じ、息苦しさから対立しやすくなるかもしれません。また、親とは縁が薄い傾向にあり、家庭内の問題が絶えない場合もあります。

I様：あー、まさしく父と僕みたいですね。まともに相手をしてもらった記憶も、家族旅行の記憶も一切ありません。ひどく怒られたこともありませんが、むしろ関心がないようで……。父は大企業の役員なのですが、今も仕事中心で、暇ができても父一人で出かけています。

NE：なるほど。I君は自力で勉学に励み、さっさと家を出て独立することを目指したほうが、人生の道は拓けそうですね。

不登校ということでは、I君はもちろんですが、ご両親も苦しまれていますよね。これには、家系の因縁因果ということもありますし、親御さんは事象を通して、「愛情とは何か」を改めて学ばされるということもあるんですね。

それと、10年間単位の運の傾向や課題がわかるタイムキャストを観ると、いじめを受けていた時期が、ちょうどこの父母運のところの10年の間にあるんですね。「デビル」と書いてあるのが見えますか？
デビルが入っている時期は、何かと困難や災難につきまとわれる。と同時に、突発的な災難に遭遇しても、それを乗り超えることで、かえって急激に成長し成功していく時期でもあるんです。
つまり、I君自身がいじめという試練をセッティングして、その経験から学び、気づくために、この世に生まれてきたということなんですよ。

I様：そう……なんですね。

NE：それでは、なぜ、わざわざそんなプログラムを設定したのか。実は過去世においても、同じようないじめを経験し、そこで気づいたり、乗り越えないといけないことがあったのですが、それができずに、今世に持ち越してしまったか……。
もしくは、逆に自分がいじめる側に立っていて、人をひどく傷つけたり、おとしめたりしていて、そのときひどい目に遭わされた側の気持ちを、理解するための経験として設定された。そのどちらかが考えられます。

I様：えっ、そんなこと考えたこともありませんでした。

NE：ですよね。学校では教えませんから……。人生はすべて一連の流れとなっているんです。過去世で気づけなかったこと、葛藤を抱えてしまったこと、クリアできなかったことがあると、今世に持ち越されることもあるんです。

ところで、今後の人生の流れなんですが、20代（大統領）、30代（親分）、40代（賢人）と、なかなか良いキャストが続きます。ただ今をしっかり生きないと、良い運の時期がきても運を活かせない。だから、今、目の前のことから逃げず、勇気を出して、いろいろなことにチャレンジしてみてください。若い頃の経験には、失敗なんてものはないのだから。これから今後の人生を決める本当に大切な時期になります。しっかり道を切り開いてください。

なお、ひとつの方向性として、ギター演奏が心の拠りどころだと言われましたが、本質にアーティスト、仕事運に賢人（適職の1つが芸術）というキャストが入っていますので、音楽の道で才能を活かすことも考えられます。

I様：そうなんですか。ギターはただ好きで心が落ち着くから弾いていただけなんですが。将来の選択肢のひとつとしてよく考えてみます。

【NE運命解析士による後日談】

お母様にその後の様子をお聞きしたところ、少しずつ表情が明るくなってきたとのことでした。お父様とはまだあまり話はしませんが、一緒に食事ができるようになったそうです。お母様の朗らかな声からも、一歩ずつ前向きに歩きはじめた様子がうかがえて嬉しく思いました。

case 4

子供との関係

息子との親子関係を修復したい

夫の反対を押し切って一人息子を私立中学に入れたのですが、そこから家族関係の崩壊が始まりました。中学受験を決めた理由は、地元の中学に入学させると、「問題児」としてのレッテルが付きそうで怖かったからなんです。

息子は小学生の頃からやんちゃで、周りの影響も受けやすく、周りにも影響を与えるところがありました。我が家は自営業なので、ご近所の方に良くない目で見られると仕事にも影響が出るかもしれないという恐れもありました。

小学5年生の頃から本格的に受験勉強一色の生活に。合格していざ通学しはじめると徐々に息子の様子が変わってきました。順調に通学していると思っていたのに、学校へは行かず遊び歩いていたんです。担任の先生をはじめ、主任指導も交えての面談が幾度も続き、そのうち「登校拒否」「親との喧嘩」「引きこもり」と、一気に親子の関係性が劣悪な状態になっていきました。

「あなたのためだから」「あなたの将来のためなの」と毎日叱ったり、なだめたり、泣いてみたり。ときには息子と夫で取っ組み合いの喧嘩まで始めてしまい、家の壁は穴が空き、物は壊れていく……。

その様子が自分たちの心の状態を写し出しているようで情けなく「なんでこうなったの？」「何がいけないの？」「どうして、息子はわかってくれないの！」と。苦しい胸の内も、出てくる言葉は愚痴ばかりです。

今後、親子関係を修復するにはどうしたらよいでしょか。アドバイスをお願いします。

（Mさん／50代※女性）

※ご相談当時

NE：まずは、息子さんの前に、お母様の運命プログラムから観ていきたいと思います。M様の本質は「援助される巫女、教授、デビル」です。**（P226ライトマスターチャート内①）**
巫女は感性豊かで直感的。それゆえ、ときに余計なことを気にしすぎてしまい、悲観的になる傾向があります。援助される巫女は、巫女と助言者が融合されたキャストです。
「援助される」と形容詞が付くように、他者からの手助けもありますが、自らも人に助言したり、助けていくことを役割の1つとするキャストでもあります。
お話をうかがっていると、心配しすぎたあまりに、息子さんへの助言も行きすぎてしまった感がありますね。それは、どうお考えですか？

M様：まさに、おっしゃる通りです。

NE：教授が入っていると、金銭感覚に優れ、財を得やすいですが、若干ケチな傾向にもなります。また、教授は人に教えたり導くことも得意です。デビルは罪状キャスト。本質に入っている罪状キャストは過去世からの繰り越しになります。

M様：デビル……。なんだか良くない感じですね。罪状ってどういうことですか？

MさんとMさんの息子さんのライトマスターチャート

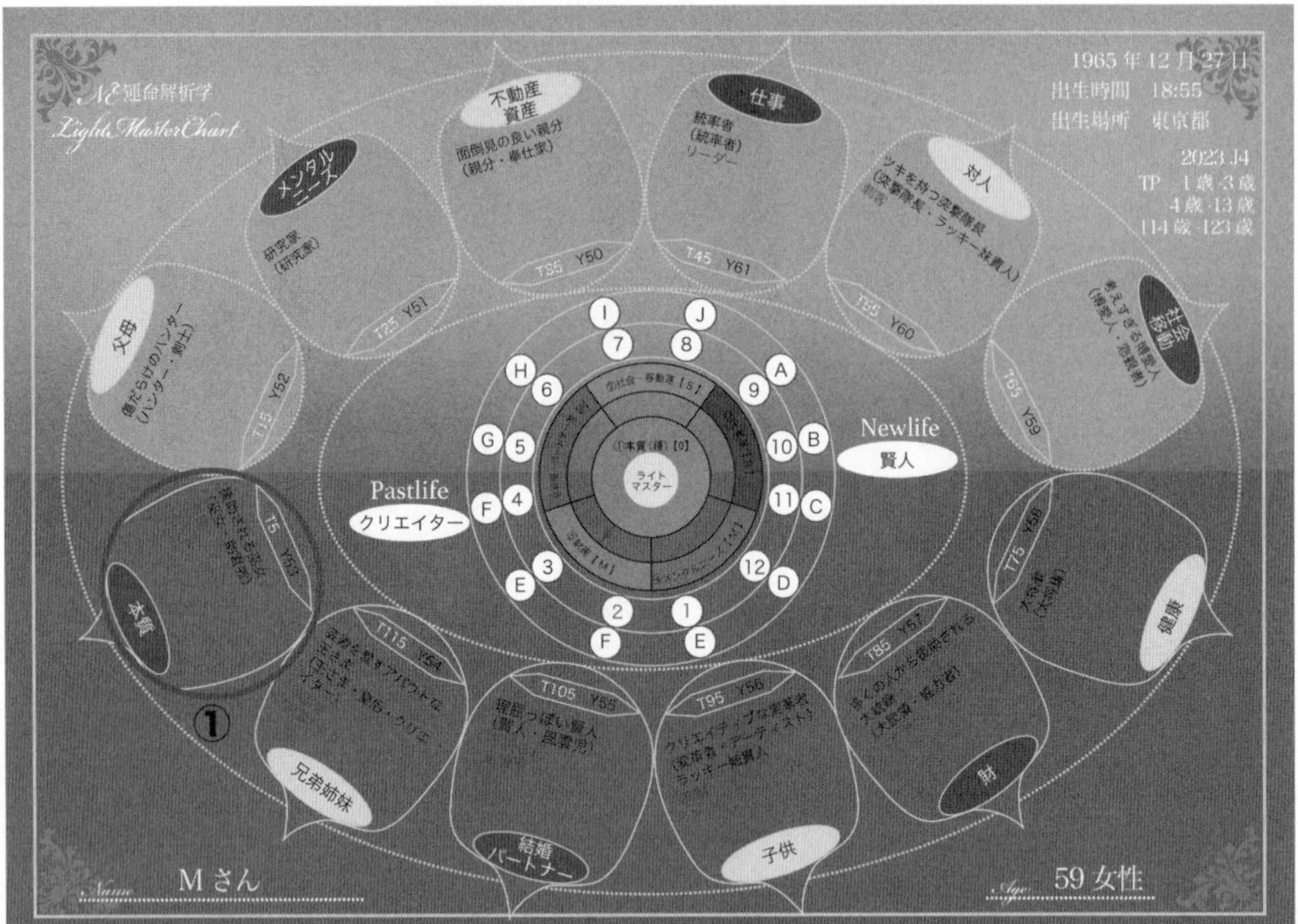

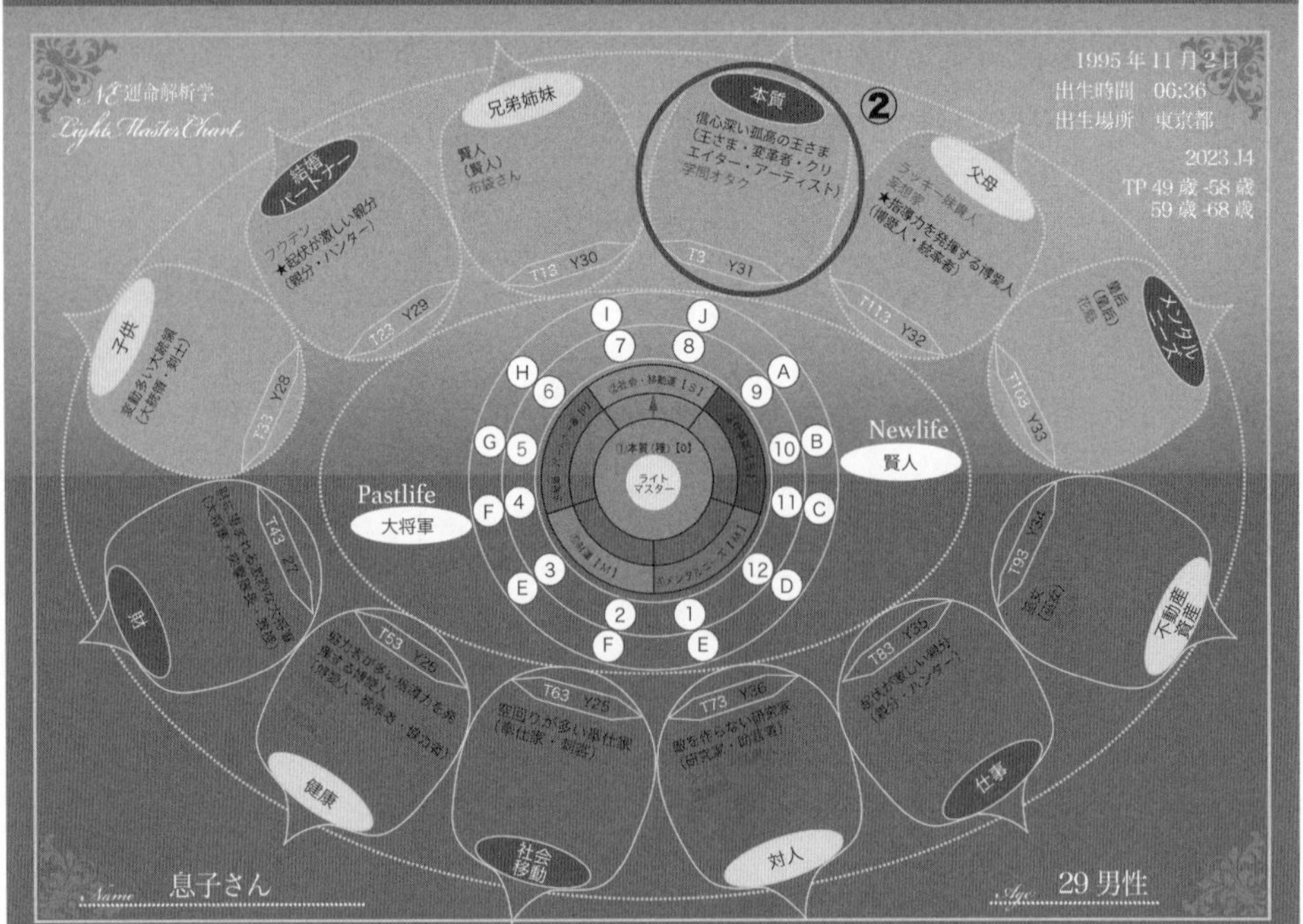

※年齢は本書執筆当時

NE：罪状とは、一方向の見方にのみとらわれ、進化成長を阻み、自分も人も良くはしない感情や思考、傾向といったものです。

罪状キャストはどんな傾向を持っているかを表しているのですが、デビルの最たる特徴は自分自身の問題に「気づかない」ということ。気づかなければ直すこともできないし、伸ばすこともできない。つまり、成長できないんです。M様はご自分のことがわかりづらかったりされますか？

M様：はい、そうですね。子供のころから自分のことはよくわからなくて。あー、だから息子には私が何とかしてあげなくちゃ、と思い込んでいたのかもしれません。

NE：そこに気づけたのは大きな前進だと思いますよ。先ほど、M様はデビルを良くは感じないと仰っていましたが、私もNE運命解析学を学ぶ前は、良くないもの、怖いもの、悪いものと感じていました。ですが、NE運命解析学では、すべてのことに良いも悪いもないんです。

本質に入る罪状キャストは、過去世からの繰り越しだとお伝えしましたが、なぜ繰り越したかというと、過去世でクリアできなかった罪状を、今回はなんとしてでも超えたいと思って、M様自身が入れてきているということなんです。

デビルが本質に入っている方は、こだわりが多く、視野が狭くなりがちで、やや固執的な傾向を持ちます。何かと困難や災難につきまとわれますが、突発的な災難に遭遇しても、それを乗り超えることで、かえって急激に成長し成功したりします。

ですから、今回の息子さんとの親子関係のような場合、息子さんが悪いと思う前に、子供は親の鏡ですから、M様が気づかなければいけないことを、息子さんが見せてくれていると、まずは受け止めることが肝要です。そして、自分はどうあるべきか、息子さんにどんなお母さんの背中を見せてあげられるかが大切になります。

M様：親が気づかないといけないことを、子供が見せている？

NE：そうです。子供は親よりも魂年齢が高いので、親子関係においては、じつは親に、魂的な気づきを促し、古いこれまでの考え方から、これからの時代の生き方を教えてくれている先生的立場にあると思ってください。もちろん、無意識に、ですが。

そんな息子さんの本質は「信心深い孤高の王さま（王さま・変革者・アーティスト・クリエイター）、学問オタク」です。（**P226ライトマスターチャート内②**）

信心深い孤高の王さまは一見穏やかなのですが、自尊心とひとつ思い込んだら譲らないという頑固さ、そして積極性を持ち合わせていています。人に指示されたり、誰かに従う生き方は向きません。

時に辛苦があっても自らの才能を磨き理想をかかげて生きること、独立性を発揮できる環境や、現状に満足しない積極的な生き方が息子さんの本質なんです。M様からみていかがですか？

M様：そうなんです！　思い込んだら譲らないところもありますし、人に指示されたり従うことは嫌います。てっきり反抗期の延長かと思っていましたが……。息子の本質なんですね。

NE：ですよね。ここまで聞いていかがでしょう。M様が息子さんに対して良かれと思ってしていた行動が、息子さんには指示ばかりする「自分をわかってくれていない親」と映っていると思いませんか？

M様：自分の子供だから、母親だから、子供のことは1番よくわかっていると思っていました。親のエゴですね。

NE：親だから子供のことをわかっているかといったら、そうではないんですね。その子の本質をしっかり見つめて、どのような親の有り様を見せたらいいのか、息子さんにどんな親の背中を見てもらいたいか、よく考えて行動していく。親だからといって完璧になれるわけではありません。

親自身が環境に振り回されることなく、自分の本質としっかり向き合い、自分らしく生きていく。その姿勢を見せることで、息子さんも自分の本質に目を向けて生きることが素敵に思えるようになり、おのずと自分らしく、持って生まれた良さを発揮して生きていくことができるようになります。そう、思いませんか？

M様： 確かにそうですね。自分の考えが絶対にいいと決めつけて、「私立に行かせなければこの子の人生がダメになる」とか「親が子供の人生をしっかり作ってあげなければ。それが親なんだ」と思っていました。息子には息子の持って生まれた人生があることを、まるで考えもしていませんでした。

NE： 息子さんは自分で考え行動できるだけの本質を持っています。

その息子さんにM様があれこれ指示しても、かえって息子さんは反発してしまいますから、ここはM様が見守り、誤った方向に向かっていると思うときに、一言、言葉をかけてあげるようにする。あくまで方向を指し示すだけで、選ぶのは息子さんです。心配でもグッと我慢してくださいね。

そして何よりM様が本質をしっかり生きることを心がけてください。それが、親子関係を改善していける方法ですよ。

【M様からの感謝のメール】

ご無沙汰しております。その節はありがとうございました。

セッションをしていただいてから、徐々に息子と言葉を交わすこともできるようになりました。今後のことも話し合えるようになって、高校は本人が決めた3部制の学校へ。現在は息子も26歳になり、驚くほど真面目に仕事に打ち込んでいます。

自分のしていることはすべて息子のためになっていると本気で信じ、「これがあなたの幸せだ」と一方的に意見を押し付けて、息子の意見などまったく聞く耳を持たなかったあの頃。そもそもの考え方が間違っていたと知ったときの衝撃と悔恨とを、昨日のことのように思い出します。昼の時代について知らないで、あのまま身勝手な子育てをしつづけていたらと思うと……ゾッとしますね。

あの時、ＮＥ運命解析学と出会えたことで、息子と意思疎通を図れるようになり、こうして親子でいられるのだと、心から感謝しています。

case 5

両親との関係

人から愛されたいのに愛されなくて苦しいです

頑張っても頑張っても、うまくいきません。カウンセリングやヒーリング、セミナーも受けてみましたが、自分のことが好きになれなくて、自分には価値がないように思えて死にたくなります。自分のことを好きになって自分らしく生きるにはどうしたらよいですか。

（Jさん／30代※男性）

※ご相談当時

NE：自分のことを好きになれない、とのことですが？

J様：子供の頃から、自分のすることに自信が持てたためしがないんです。父親から罵倒されたり殴られたりしたのは覚えていますが、褒められたり優しくしてもらった記憶がない。私は子供のときから今まで、自分は愛される資格がないんだと思って生きてきました。

NE：そうでしたか、壮絶な子供時代を過ごされてきたんですね。J様の運命プログラムを全体で見ると本質はいいものをお持ちです。ですが、それを活かせていない、という状況ですね。これは非常にもったいないです。

活かせていない原因は何なのか。今回その因を知り、直視して乗り越えることで、J様も自分らしく生きられるようになります。だから、心配しないでくださいね。

J様：本当ですか？

NE：本当です。では、一緒に運命プログラムを観ながら解決策を探していきましょう。

Jさんのライトマスターチャート

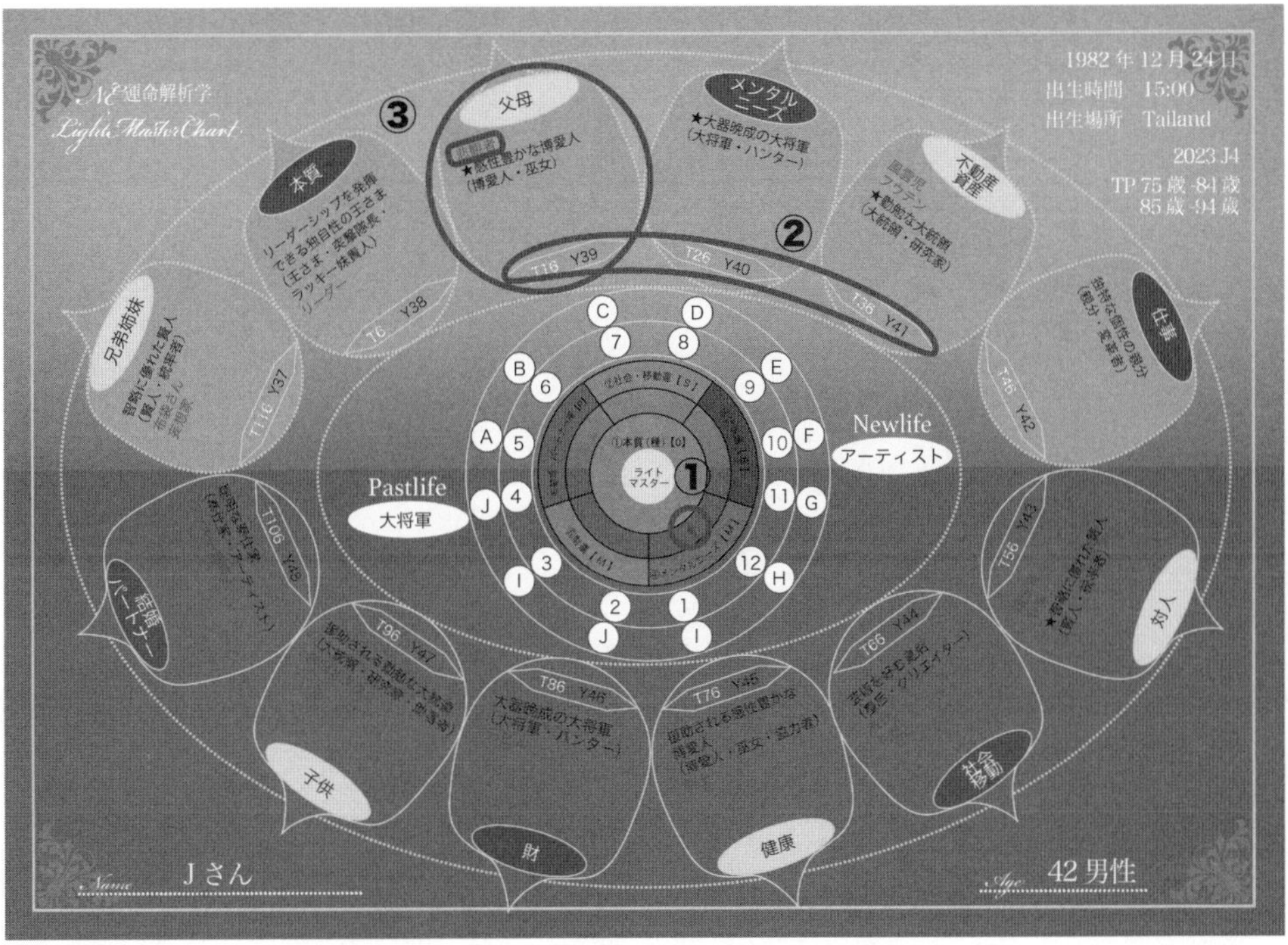

※年齢は本書執筆当時

NE：まず、J様の本質は「リーダーシップを発揮できる独自性の王さま、リーダー」です。束縛を嫌い、一匹狼的な生き方を好みますが、人から引き立てられる徳を持っているので、リーダーとしても力を発揮します。

突発的にままならないことに遭遇しても、それを跳ね飛ばすだけのパワーも忍耐強さも兼ね備えています。独自の発想力やパワーが人一倍あるので、独立して自らの才能を発揮する生き方がよいでしょう。中途半端なことが嫌いで、何をするにもしっかり筋を通す性質もお持ちです。

J様：リーダーとして立つなんてことは、考えたことすらありません。でも、独自の発想力といえるのかはわからないんですけど、絵の創作活動が当てはまるのかなぁ、という感じですね。26歳から派遣社員として働きだしてからは筆も止まってしまいましたが……。子供の頃から絵本が好きでした。

NE：そうなんですね。創作活動をされていたときは充実していましたか？

J様：当時は思うような生活ができなかったから転職をしたんですけど……。仕事を抜きにして、ただ好きで絵を描いていたときは、自分を生きられていた気がします。

NE：なるほど、自由に思うがまま描かれていたときは充実されていたんですね。じつは、J様の運と人生が開花する方向性であるライフナビゲーションは、メンタルニーズに向いているんです。

（P235ライトマスターチャート内①）

メンタルニーズとはメンタルとニーズを掛けた造語なんですけど、ここにライフナビゲーションが向いている方は、常に自分の心の声に従うことが大切になります。

人生の選択の基軸は他人ではなくJ様自身の心の声。外部の常識や頭の声を聴いて生きるのではなく、心の声に素直に従うことで運と人生が拓かれるんです。

J様：え、自分の好きにしていいってことですか？

NE：そうともいえます。ただ、逃げたい一心での選択はおススメできません。同じ課題がさらに大きな事象となって出てくるので。大切なのは心の声と頭の声を聴き分けること。「ねばならない」とか「でも、だって」といった言葉と併せて出てくる「思考」は頭の声なので、「でも、だって」と理由をつけて反対するような思考が出てきたら、その逆を選んでみるのも良い訓練になります。

心の声をキャッチするためにも、一人でいる時間や、J様自身の生き方を大事にすることです。好きを極めるとその道のプロになる可能性も大いにあります。

J様：そうなんですね。でも、大好きな絵を描いていたときも私の人生は好転しませんでした。好きな創作活動をしていたはずなのに、本当にそれがやりたいことなのかすら自信が持てなくて。

NE：そうだったんですね。じつは、J様の人生前半は、自分自身がわかりづらいプログラムになっています。T16―T46の10年毎の傾向を観ていくと、すべてに★が入っているのが見えますか？

（P235ライトマスターチャート内②）

これは、メインの14キャストがそのフィールドに入っていないことを表しています。主要キャストが入っていないとどうなるかというと、自分のエネルギーが微弱となり、周りの人や環境の影響を非常に受けやすくなるのです。

特に多感的である10代の頃は、「悲観者」という罪状キャストが入っています。

周りの影響を受けやすいうえに、物事を悲観的にとらえやすいこの時期は、認知のゆがみが起きやすくなります。そんな時期に絵の創作活動ができていたのは、★付とはいえ「感性豊かな博愛人」が入っていたからともいえますね。

感性が豊かになるので、自分の心の声をキャッチしやすかったのはもちろん、自分の中から創造し生み出していくことで活躍できる時期でもありました。

J様：時の運に助けられていた部分があるんですね。では、今はどうすればいいんですか？

NE：TVや携帯電話を手に取る時間から離れて、自分と対話する時間を取ることです。自然の中やお風呂など、自分がほっとできる空間でボーッとすると良いです。そうした中で、自分の心の声がスッと湧いてくる瞬間が訪れます。

次に、ご相談内容の「愛されたいのに愛されない」についてですが、幼い頃、ご両親との関係はいかがでしたか？　仲は良かったとか、躾が厳しくて息苦しかったとか。もしくは、自由に伸び伸びやらせてくれ！とか、いかがでしょう？

J様：仲は悪かったですね。父がとても厳しかったんです。父は元外交官で学歴至上主義。彼の期待に応えようと小学校時代は必死でした。

でも僕は頭が悪く成績が上がらなくて……自分はバカだと思っていました。中学受験をする際に父が勉強を教えてくれたのですが、問題を間違える度に殴られていました。

母は優しかったのですが、父の暴力から守ってくれずに寂しい思いをしたのを覚えています。あの頃は日常的に父から暴力を受けて、中学受験にも失敗しています。結局親の期待に応えられず、人生の中で一番つらい時期で、毎日生きているのがつらくて死んで楽になりたいと毎日妄想していました。


NE：大変でしたね。私も似たような価値観を持った両親から育てられたので、お気持ちお察しします。

じつはご両親との関係を聞いたのは、J様が自分のことを好きになれない、愛されてない、受け入れられないと感じている原因は、育った家庭環境やご両親との関係が影響している可能性があるからなんです。

J様の父母運は「悲観者、★感性豊かな博愛人」です。**（P235ライトマスターチャート内③）**キャストで観ても縁は薄い傾向ですが、★が付いているので傾向ではなく「薄い」といってしまっていいでしょう。躾や教育に厳格で、常に親子で対立が生じて寂しい思いをしたり、子供の頃に虐待されるなど家庭内での問題が絶えないといった場合があります。また、母親が不安定な傾向になると、言動や行動が息苦しくなり対立することがあるかもしれません。

J様：はい、両親どちらにも当てはまります。

NE：それでも、J様はご両親の望む自分を生きようとしていたのではないでしょうか。そして応えられない自分には価値がないと、そう感じてしまった。そして今現在、その想いが人生全般に影響している。いかがでしょうか？

J様：まさにそうだと思います。

NE：まずはっきりお伝えしたいのは、J様は価値ある方だということです。親子の多くは、過去世での敵同士です。なぜなら、因縁因果を解消する目的があるからです。家族団らんが美徳であるというのは幻想です。
ご両親とは無理に歩み寄る必要はありません。時間と距離を置いて、余裕ができたら対策を考えましょう。

J様：あー、それを聞いて気持ちが楽になりました。ありがとうございます。

NE：ご両親と実際に顔を合わせる必要はありませんが、過去にあった出来事のとらえ方が変わると運命は変わります。痛みは魂の成長を促すための事象なので、この出来事は自分に何を気づかせようとしていたのか、そんな視点でご両親との関係性を振り返ってみることをオススメします。

【J様からのお便り】

親との出来事の振り返り、さっそくやってみました。最初はうまくいきませんでしたが、自分に何度も問いかけることで、当時の親の気持ちを少しだけ汲めるようになりました。暴力に対してはまだ時間がかかりそうです。

それでも、振り返る中で自分の本当の願いにも気づくことができました。小さ

い頃に我慢ばかりしてきた習慣で、やりたいことに許可を出すには練習が必要ですが、小さなことからGOサインを出して少しずつ前進しています。

　実家を出て一人の時間を持てるようになったのもあり、以前より心の声をキャッチできるようになった気がします。絵の創作も再開しました。やっぱり絵を諦めたくない。ライフナビゲーションを信じて、心の声に従っていきたいと思います。

case 6

宗教

このまま信仰を続けるか悩んでいます

ある宗教に20代の頃から30数年、入信しています。入ったきっかけは母が近所の信者さんから話を聞いてきて、もらったパンフレットを見たことからです。

そのパンフレットに載っていた、この世ではあり得ない超常現象的な写真を見て興味が湧きました。入信して、教義・教理を聞いて学んだり、奉仕活動などを実践していったり、リーダーとしてグループを立ち上げたりなど、信仰心は深くなり、他の信者さんたちとも楽しく活動していました。

そんな中、ある日突然、関わっていたすべてのことを、所属の道場長の指示で辞めさせられることになりました。それと同時に、それまで信頼していた信者さんの裏切りもわかりました。

その後、失意のどん底にありながらも、信仰心を失くすことなくなんとか続けていましたが、幹部や信者さんの言っていることと、そういう人たちの行動がまったく違う場面がたくさん見えてきました。そのため、ここに居る価値が見出せず、辞めたいと思いますが、辞めることで不幸になるのではないかと思い、不安で悩んでいます。

（Nさん／50代※女性）

※ご相談当時

N様：私は小さい頃から霊的な世界、UFO、超能力などに興味があり、小さいながらも仏壇の前に座っていたり、お茶やお水を替えたりなどもしていました。

大人になってもそのような分野に興味があり、宗教に入ったのもそれが理由でした。信仰をしていく中で、非日常的な体験や奇跡を見聞きするのは、とても楽しく有意義な時間だったんです。

NE：そうでしたか。N様の本質は「好奇心旺盛で激烈な大将軍、デビル」です。

小さい頃から不思議な世界に興味があったのは、この本質の特性が影響しているようですね。好奇心旺盛で激烈な大将軍は、大将軍と突撃隊長、そしてアーティストが融合されたキャストです。世の中に迎合するのではなく、独自の個性を活かしてこその人ですね。発想やアイデア、創造性が豊富にあるので、動き回ることでご自分の才能や個性を開花させ、運をつかんでいきます。**（P247ライトマスターチャート内①）**

リーダーとしてグループを立ち上げ活発に活動されていたと仰っていましたが、本質をいかんなく発揮されていたようで素晴らしいです。

Nさんのライトマスターチャート

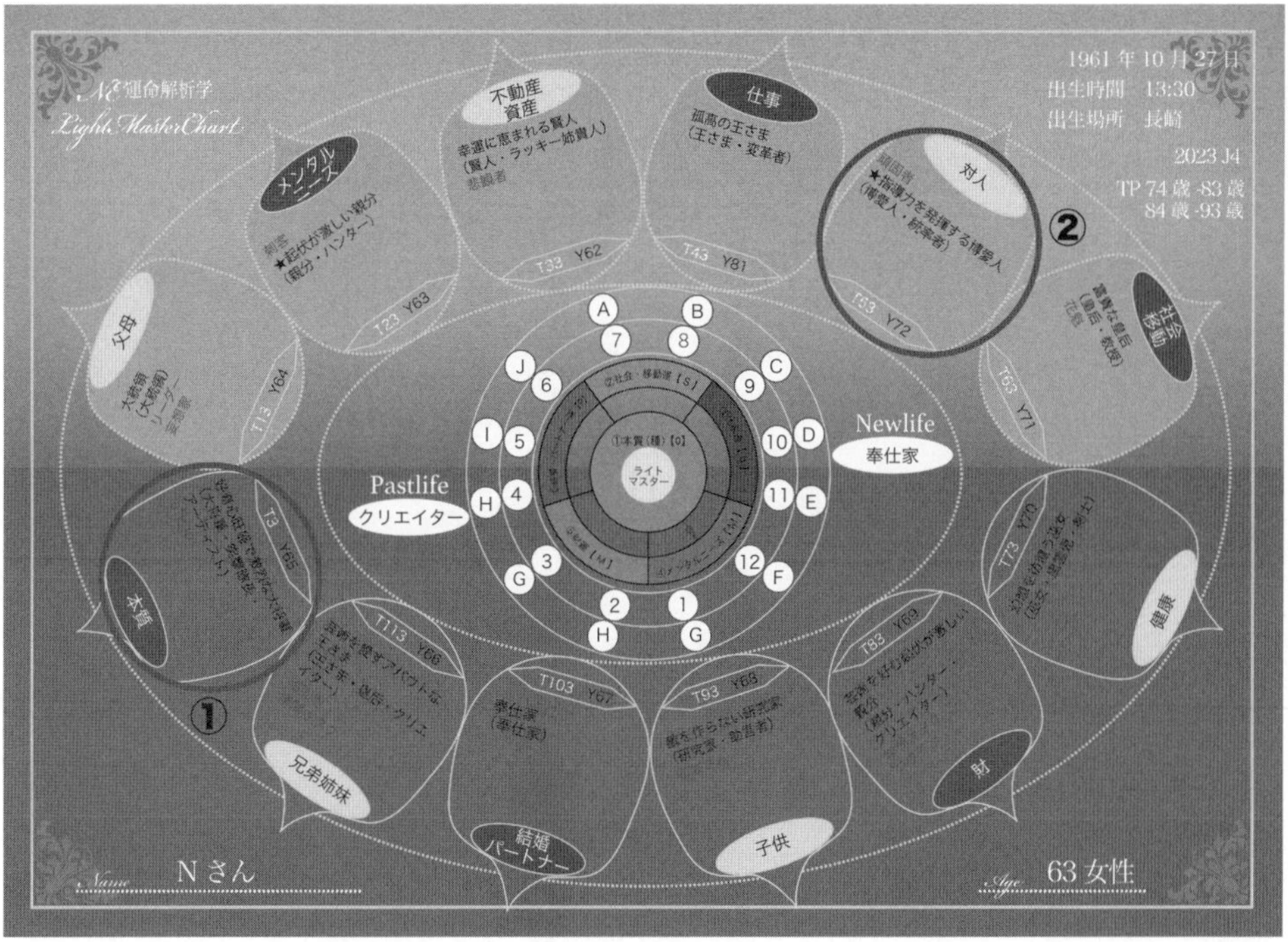

※年齢は本書執筆当時

N様：実際、活動はとても楽しく有意義だったんですけど……ある日突然、今までやってきたさまざまな活動を中止させられ、役職をおろされました。そうなった理由が、他の信者さんたちの裏切りによるものだったと後から知って憤慨しましたし、何より悲しくて。

NE：それはおつらかったですね。じつはそのことについても、N様の本質には傾向として書かれているんです。本質のデビルは罪状キャスト。本質の罪状は過去世からの持ち越しで、今世こそは乗り越えたい！と設定してきている課題になります。デビルの特徴は、こだわりが多く視野が狭くなりがちだったり、何かと困難や災難につきまとわれます。ただ、突発的な災難に遭遇してもそれを乗り越えることで、かえって急激に成長し成功するというものです。

N様：今世こそは乗り越えたいと設定してきている課題？

NE：そうです。N様の場合、突発的な災難は人間関係に出ているので、次は対人運を観ていきましょう。
対人運は「頑固者、★指導力を発揮する博愛人」です。対人関係には課題があり、突然、対立したり、裏切られたり、だまされたり、恨まれたりするようなことがあります。頑固者というキャストから、特にN様自身の中にある頑固さが対人関係の中で影響していることがうかがえます。

（P247ライトマスターチャート内②）

今回、起きた裏切りは、その出来事から学ぶということをN様自身がプログラムしてきている、とも言えるのです。ですから、単純に「相手が悪い！」とだけとらえずに、自分の中にも「因」があると認識して、そこから気づいて学びきると、同じことは繰り返さないようになります。

N様：なるほど、自分がそこから学ぼうと思って計画してきたものなんですね。宗教の教えでも「過去世にやってきたことが、今度は自分がやられる側になって罪を償う」と言われてきました。だからこそ、今回、そのような体験をすることを選んできたのかもしれないですね。

実は、若い頃に1人目の子を妊娠6か月のときに胎内で亡くしているんです。4人目の子は生後2か月で。当時、人間関係で悩んでいたときでもあり、我が子のことを通して学んだことはたくさんありました。やはり、そういう運命を持って生まれてきたんですね。

NE：それは本当に悲しい出来事でしたね。でも、そこから学ばれたことは血肉となり、これからの人生にきっとプラスになりますよ。

N様：ありがとうございます。結局、幹部や他の信者さんとの関係性が悪くなってきて、道場からは少し距離を置いている状態なのですが……。信仰を辞めると「不幸になるかもしれないという不安」があり、踏み切れないでいます。

NE：断言します、辞めても不幸にはなりませんよ。ＮＥ運命解析学では宗教はなくなっていくとされているんです。なぜなら、宗教は夜の時代には必要だったのですが、これからの昼の時代には必要がなくなるからです。

今までの夜の時代は暗くて見えなく、自分の魂とも繋がっていないので、宗教で神や仏、先祖に依存したり、大多数の人や権力者の意見に従って生きてきました。ですが、通常、私たちが「神」と呼んでいる「神」は、昼の時代には「神」にレベルアップし、「神」はさらに上の「大神」になります。

この表を見てください（Ｐ２５１参照）。神の下に位置する人間はどうなると思いますか？　人間は「神」の位置になります。これまでの時代、人間は、神の奴隷の位置で生きることを強いられてきました。しかし、宇宙のサイクルが大きく変わることにより、これまで神が担当してきた「創造者」という位置にレベルアップしたのです。

人間が今までやってきた労働はＡＩやロボットがやるようになります。だからこそ、Ｎ様もこれからは創造性を発揮していくことが大切になります。
もう一度ご自分の本質を思い出してください。「好奇心旺盛で激烈な大将軍」ですよね。大切なので繰り返しますが、N様は独自の個性を活かしてこその人なのです。多少のトラブルがあっても乗り越えられる強さを持っているので、やりたいことを率先していくことが大切なのです。

今までは、自分にとって都合の悪いことが起きたときは神に祈り頼ってきたと思います。ですが、これからは神に頼るのではなく、自分の魂と繋がることが重要になります。不幸は自分の思考の中にあるだけです。悩みや不安が生じたときは、自分としっかり向き合い、因を見つけて解消する。
まずは、N様ご自身が「好奇心旺盛で激烈な大将軍」として本来の良さを発揮して、本質を生きることです。

【新たな宇宙のプログラムによる神と人間のステージの変化】

	これまでのプログラム			これからのプログラム	
			大神	神は大神の位置へとレベルアップ	
神	無から有の創造主	→	神	神は神の位置へとレベルアップ	
神	有を壊したりアレンジして新たなものを創る創造者	→	神	人間は神の位置へとレベルアップする	人間は神が担当していた「創造者」となる
人	神が楽をするための、召使であり奴隷	→	ロボット AI	これまで人間がやっていた労働はロボット、AIに変わる	

【N様から感謝のメール】

自分のパスポートを解説していただき、自分がどういう目的でこの運命プログラムを持って生まれてきたのかがわかりました。

NE運命解析学で教えていただいた「夜の時代から昼の時代へ」の内容で、宗教がこれからの時代においては、役割を終えるということも知りました。私が幹部や他の信者さんたちとうまくいかなかった原因もわかり、不安がなくなって宗教から脱却することができました。

今では、今までのあらゆる不安が

自分の妄想や悲観、固定観念などから起きていたことがわかったので、たとえ不安な気持ちが生じても、神様に頼るのではなく、うまく気持ちを転換できるようになり、自分自身を信じて生活できるようになりました。心から感謝しています。

case

7

結婚

私は結婚に縁があるのでしょうか

周りの同級生が結婚していく中、「私はいつになったら結婚して幸せな生活が送れるのだろう」と、そんなことを考えながら過ごしていました。結婚への焦燥感と仕事のストレスで精神はボロボロ。幸せとは無縁な気がして不安で仕方がありません。

私は経済的に豊かな男性と出会って、素敵な結婚生活を送ることを望んでいました。仕事がうまく

いけば、良い人と出会え、望む人生も手に入ると思い込み、仕事に明け暮れていました。しかし、仕事での目標も達成することができず、何のために仕事をしているのかさえわからなくなっていきました。

ストレスで精神はボロボロになり、ついに肉体も動かなくなって、10年間勤めていた仕事をリセットすることに。支え合える相手もいない今、自分はどうして幸せになれないのか、幸せになれる未来はあるのか、そのことばかり頭に浮かんで夜も眠れません。

（Hさん／40代※女性）

※ご相談当時

NE： H様の運と人生が開花する方向性の赤い矢印（ライフナビゲーション）は、結婚パートナー運に向いています。

結婚パートナー運にライフナビゲーションが向いている方は、人生の良きパートナーを得て、お互いの関係性の中で魂を磨き合っていくことにより、全体的に運が引き上げられ、人生が開花していきます。

H様は良き結婚相手と出会うためにお仕事を頑張ってこられたとのことですが、残念ながら、それ

Hさんのライトマスターチャート

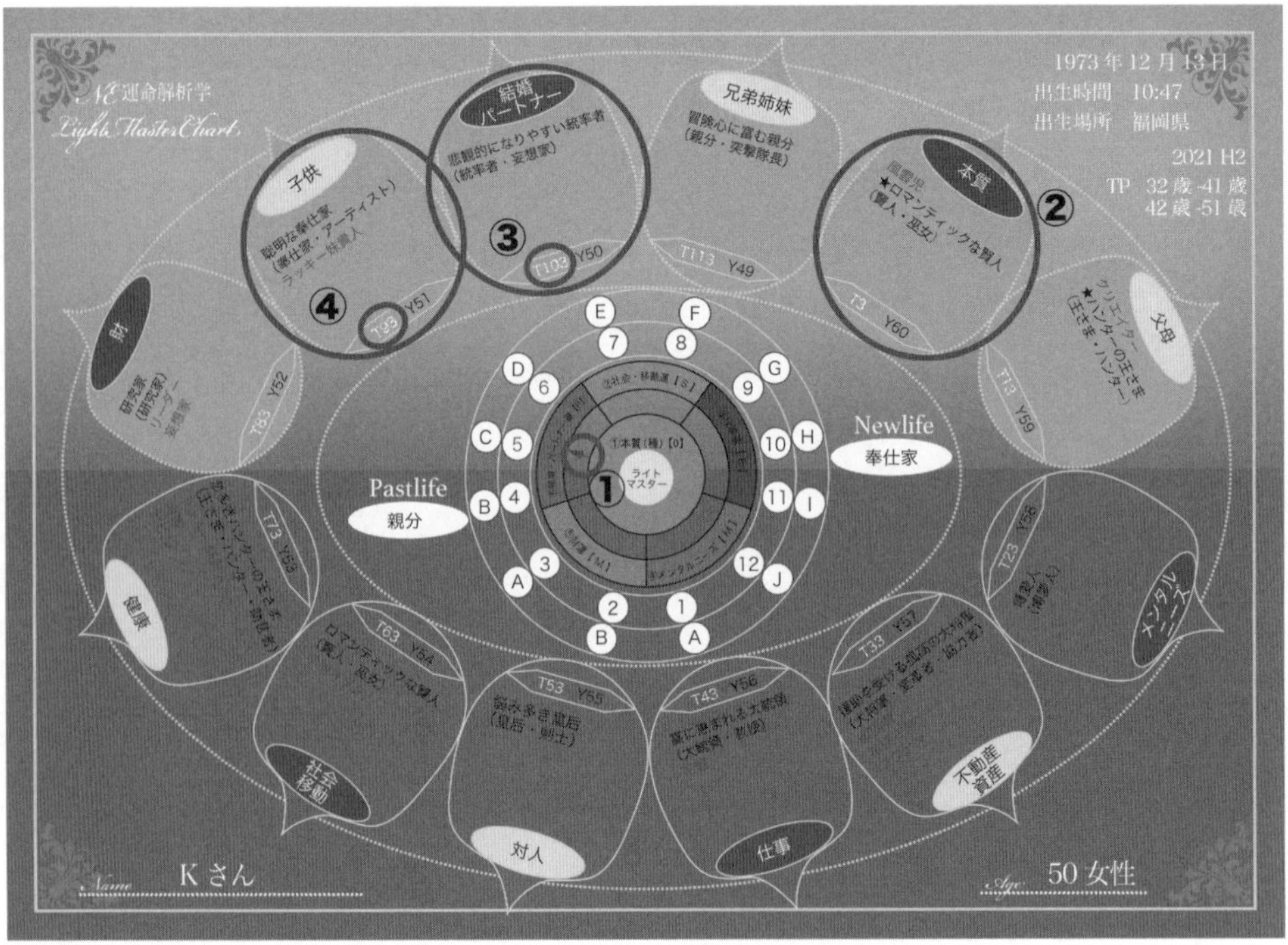

※年齢は本書執筆当時

では結婚という点でも、人生を向上させるという点でも、遠回りになるんです。

H様：えっ、素敵な人と出会いたくて10年間ずっと仕事優先で生きてきたのに、それが逆効果だったなんて……。そのうえ仕事では目標達成できないまま、借金だけが残るなんて散々ですね。

NE：苦しい経験をしてこられたのですね。まずは、この結婚パートナー運を意識して軌道修正をかけていくことで、これまで空回りしていたことも半減していきますよ。

H様：すごく納得できます。今までそこが必要な気もしていましたが、あえて遠ざけていたんです。私は自分自身がわからないという悩みもありまして、自分の感覚は無視して周りの人のマネをしたり、意見を聞いて生きてきました。

NE：そうだったんですね。H様の「自分自身のことがよくわからない」というのは本質からきているようです。それでは、もっと詳しくH様の特徴を運命プログラムで読み解いていきましょう。

H様の本質は「風雲児・★ロマンティックな賢人」です。★付きのロマンティックな賢人は、自分のことがわかりづらく、環境に振り回されやすい傾向があります。また、直観的で創造性豊かなのですが、感性が強いためか、必要以上に細かいことが気になることも。**（P256ライトマスターチャート内②）**実際どうですか？

H様：おっしゃる通りですね。自分のことがわかってないから、周りの言うことを信頼して、振り回されていたのかもしれません。

仕事でも師匠の「私の言う通りにやったら上手くいく」という言葉を信頼して、教えられた知識が正しいと思い、言われた通りにやっていました。実際は腑に落とせないところが多々あったので、納得しないまま、でも確認したり自分で調べたりしないまま行動していました。

周りから見たら、私は違和感のある人だと思われていたようです。違和感があるから信頼されることもない。だから、仕事も人間関係も思うようにうまくいかなかったのですね。

NE：そこまで気づけたのであれば、生き方を大きく変えるチャンスです。これからは、ご自身の本質をしっかり認識して生きてみましょう。そうしないと逆に苦しくなるばかりで、良きパートナーにも出会えないですよ。

H様：喜怒哀楽も激しくて、短気で小さい頃から両親や恋人にわがままし放題でして、とっても迷惑をかけてきました。わがままな自分は嫌いでしたが、そこを変えようとはしてきませんでした。

NE：まさに本質の風雲児ですね。特徴としては、一見、人当たりは良くても、中見は激しい性格。細部にこだわることは苦手で、大雑把に物事をとらえます。瞬時の判断力と行動力はありますが、喜怒哀楽が一定せず、すぐに気分が変わるようなところがあり、短気でせっかちだったりもします。風雲児は過去世からの持ち越しの罪状になるので、このような性質を変えていくことが今世での目的でもあります。

H様：そこが今世の目的でもあるんですね。会社でもせっかちだと言われてきました。直そうとは思いながらも、ズルズルきていましたので、しっかり意識していきたいと思います。

NE：そうするだけでも、ずいぶんと変わっていくと思いますよ。
H様のように、自分のことがわからない方もたくさんいますが、特にH様は、自分のことがわからないという罪状を持っているので、そこを認識して意図的に生きていくことも大事なんですね。気づいた時がチャンスです。
自分らしい生き方をして、ご自身の罪状をクリアすると覚悟を決めると、応援も入ってくるようになります。

H様：自分をしっかり生きてみようと思います。……ところで、結婚に縁はあるのでしょうか？

ＮＥ：結婚パートナー運をみるとＴ１０３とあります。**（Ｐ256ライトマスターチャート内③）**
結婚は縁遠いといえるでしょう。ただ、ライフナビゲーションが結婚パートナー運に向いているので、人生のパートナーはいたほうが良いです。なぜなら、パートナーと向き合うことで運と人生が開花するからです。

これからの時代は、結婚も選択のひとつなので、結婚という形にはこだわる必要はありません。結婚してもしなくてもいい。枠や型に縛られず、会いたい時に会ったり、ご飯を食べたいときに一緒にご飯を食べたり、それぞれの自由な関係性でいい。それで、お互いが磨き合える関係性であればいいのです。

お相手との課題は次のようにありますが、それを乗り越えていくことで魂が進化し、喜びのある人生になっていきますよ。

運命プログラムから読み取れるＨ様の相手の傾向は、相手は行動力があり、真面目で聡明、頼りになる人。面倒見もよく世話好きです。物質面より精神面を大事にします。喧嘩など離婚の可能性もあるでしょう。

H様：そうなんですね。結婚しないといけないと、どこかで思い続けていました。結婚しなくてもいいと聞けただけで、大きな荷物を降ろせた気持ちです。「隣の芝生は青い」と周りと同じような幸せを求めていましたが、それぞれの生き方で相手と向き合うことが大事なんですね。では、子供とは縁があるのでしょうか？

NE：子供運にはT93とあるので縁遠いですね。**（P256ライトマスターチャート内④）**

H様：ありがとうございます。正直、子供を産んだり育てることに興味が湧いてこなかったので安心しました。まずは自分のことを徹底的に知り、この時代の生き方で生きていこうと思います。

【後日、H様からいただいたメール】

自分を知ることができ、これからの時代のことも学び、価値観も考え方も、周りに縛られず、自分の思う生き方ができるようになり、生き方が楽になりました。経済的に豊かな男性との結婚生活を望んでいましたが、結婚するのではなく、目の前のパートナーとしっかり向き合い、お互い楽しく心地良い生活をするようにしています。

私の考え方が変わったことで、両親や親戚からも結婚してほしいと言われることもなくなりました。また、以前は結婚できない自分は、世間からみたら恥とか売れ残りと思っていたので、訊かれる前に結婚していない言い訳をいつも口に出していました。今は「独身です。結婚や子供を持つことには興味がないので」と堂々と言えるように。正直にいられるのってとても楽です。

パートナーと向き合うことで、自分を映し出す鏡として見ることができるようになり、関係性も良くなりました。経済的に豊かな男性との結婚を望んでいたのは、自分ができないことを相手に求めていたからなんですよね。

周りや人に幸せにしてもらいたいという依存があったんです。パートナーだけでなく、両親にも、友人や知人にも、そこが原因で自分勝手に怒ったり怒鳴ったりしてトラブルになっていたことにも気づけました。

久々に会った昔の職場の人からも、以前はとてもキツそうだったけど、今は明るく楽しそうだよね、変わったね、と言われるように。自分らしい生き方とはこういうことなんだなと、日々思って過ごしています。

case 8

離婚

離婚したい。でも、夫が怖くて何もできません

長年、夫からのモラハラで苦しんでいます。離婚できたとしても、ずっと専業主婦で仕事をしたことがない私が、離婚しても生きていけるのか不安で踏み出せないでいます。このまま我慢し続けたほうがいいのでしょうか。

（Sさん／40代※女性）

※ご相談当時

NE：モラハラとは大変ですね。具体的にどんな感じなのでしょうか？

S様：私が働きたいと言っても、外で働くのは危険だと反対したり、子供の学校のお付き合いも心配だからできるだけ行かないよう命令したり……。仕方なく家でできる仕事を始めたのですが、電話やメールで連絡することが多くなったのが不満らしく、何をやっても文句を言われてしまうんです。最近では「仕事を辞めろ」「お前をダメにする相手を訴えてやる、殺してやる」とまで言い出して。家庭も大事にしていると伝えても、「お前は洗脳されている」「なぜ家族だけの生活が不満なんだ！」と一日中怒鳴るので、とにかく怖くて仕方がありません。

昔、冗談と言いながら「檻に閉じ込めておきたい」と言われたこともあり、日々恐怖がつきまとっています。でも、私さえ我慢すれば上手くいくのかもしれない、一度も社会に出たことがない私が離婚しても……と考え始めると堂々巡りで。

NE：そうでしたか。それはおつらかったですね。では、今回は特に旦那様との関係とお仕事について詳しくみて、S様のお悩みを解決していければと思います。

S様：はい、よろしくお願いします。

Sさんのライトマスターチャート

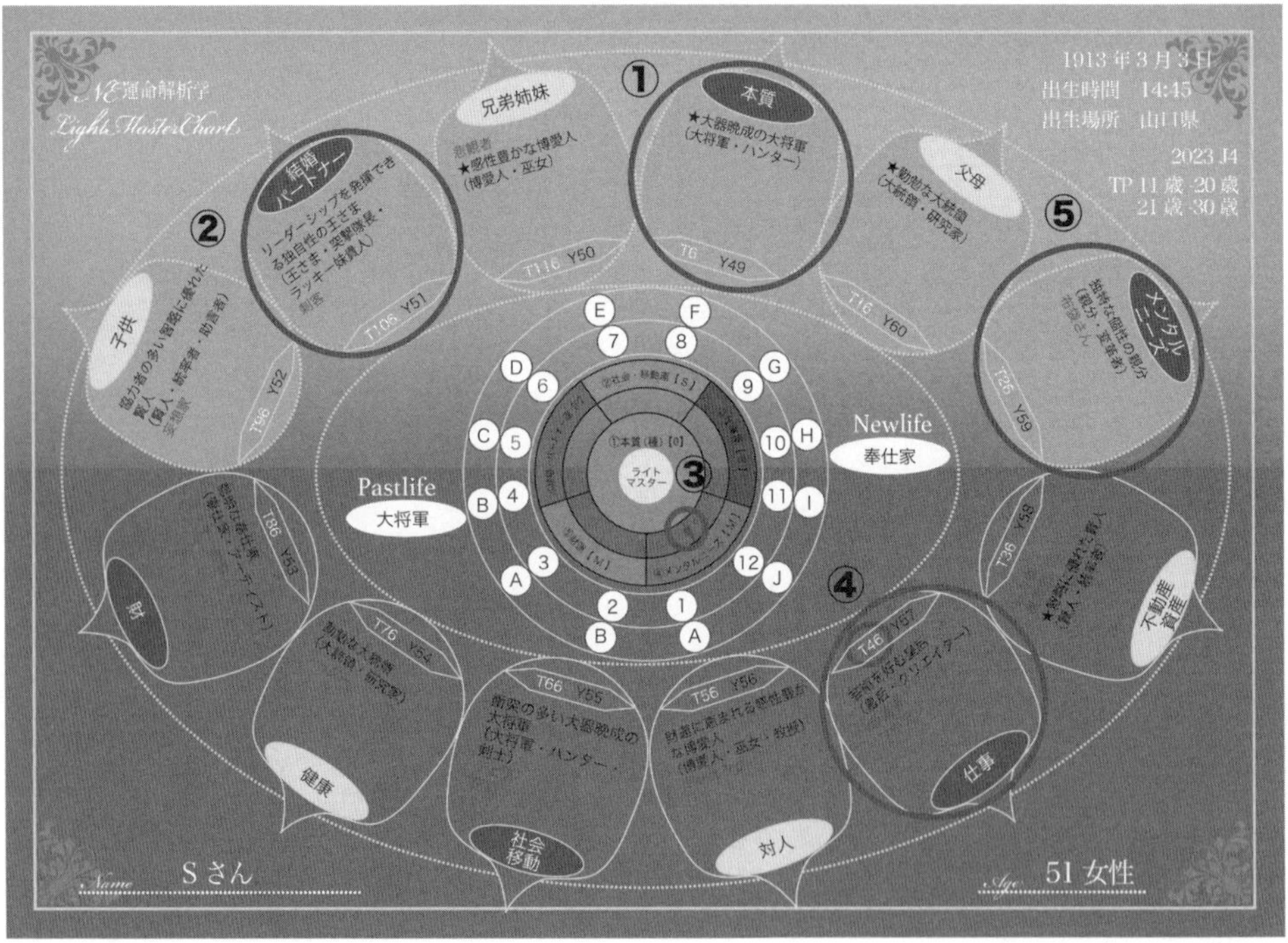

※年齢は本書執筆当時

NE：まず、何をするにも、S様がご自分の特質を理解して、本質をしっかり生きることが大切になります。

S様の本質は「★大器晩成の大将軍」です。★付の方は、元々本質に主要キャストが入っていません。S様の場合はサブキャストも入っていないので、S様の本質のエネルギーは微弱になります。

（P266ライトマスターチャート内①）

それゆえ、人や環境に振り回される傾向があるのですが、実際はいかがですか？

S様：まさに振り回されていますね。思い返すと、夫だけでなく、小さい頃からそうだったかもしれません。

NE：そうですか、本質が★付の方の特徴が出ているのかもしれませんね。先ほど、S様の本質にはキャストが入っていないとお伝えしたのですが、NE運命解析学では必ず主要キャストを入れて読み解くというルールがあり、対極のフィールドからキャストを借りてきています。

「大将軍」の基本的な性格は真面で実直なのですが、この「大器晩成の大将軍」は「大将軍」と「ハンター」が融合されたキャスト。

「ハンター」は欲望に素直なキャストなので、まるで水と油が一緒になっているかのように、混じり合わずバランスが取りにくい、なんてことがあります。
ですので、その傾向を自覚したうえで、あきらめず、経験を積んでいくことが大切になります。常に大きなゴールを持つと、運が拓けて大器晩成となるんですね。S様はゴール設定をされたことはありますか？

S様：ゴール設定ですか？　たとえばどんなことでしょうか。

NE：たとえば、1年後、3年後、10年後はどうなっていたいか。どのような自分でいたいと思うのか。また、そのときに旦那様とどういう関係性でいたいのか、といったことですね。
今は目の前のことで精一杯かもしれませんが、ゴール設定がないと、何をしたら良いのかわからず、人や環境に振り回され、余計に自分がわかりにくくなります。まず、本当はどうしたいのか、ゴール設定をしっかりしてから行動されるといいですよ。

S様：そうなんですね。今まで毎日無事終わるようにと、怯えて過ぎていく感じでしたので、先のことなんて考えられませんでした。

NE：そうでしたか。それでは、お仕事の前に旦那様との関係性を観ていきましょう。結婚パートナー運をみてください。ここではS様が結婚する際に選ぶお相手の傾向が書いてあります。S様の結婚パートナー運のキャストは「リーダーシップを発揮できる独自性の王さま、刺客」。常に理屈を越えたところで衝突があり、安らぎを得られる関係にはなりにくいですね。また離婚を繰り返す傾向があるキャストも入っています。**（P266ライトマスターチャート内②）**やはり関係性としてS様の旦那様はかなり激しい面があり、あまり結婚に向かないと読み取れます。

S様：そうなんです！　とにかく自分の言うことを聞かないと怒るんです。私はどうしたらいいでしょうか。

NE：実は、S様の運と人生を開花する方向性であるライフナビゲーションは、メンタルニーズに向いています。**（P266ライトマスターチャート内③）**メンタルニーズに向かっている方は「常に自分の心の声に従うこと」ことが大切。つまり、S様がどうしたいかが何より重要なんですね。

S様：そうは言っても、自分のことは常に後回しにしてきたので、どうしたいのかまったくわかりません。

NE：今まではご家族を優先されてきたかと思いますが、これからは少しでも自分のためだけの時間を作ってみてください。

心の声に気づくためには、一人でいる時間や自身の生き方を大事にすることがとても大切なんです。

お家の一角でもいいので、ご自分だけの空間を作るのもおスメです。

そしてS様の今の10年のタイムキャストは「芸術を好む皇后、頑固者、フウテン」。**（P266ライトマスターチャート内④）**

「頑固者」は停滞の罪状キャストではありますが、「芸術を好む皇后」は安定すると同時に、何か芸術やクリエイティブなことをすると良い時期です。何か芸術的なことは得意ですか？

S様：得意というか、ずっと好きでフラワーアレンジメントをしていて、いつの間にか講師免許もとっていました。

NE：S様はメンタルニーズに「独特な個性の親分」が入っていて、アイデアやユニークな発想をするのも得意なはずです。**（P266ライトマスターチャート内⑤）**
フラワーアレンジメントをお仕事にされてもいいと思います。

何度もお伝えしていますが、S様がどうしたいかなんですよ。勇気がいることだとは思いますが、まずゴール設定をして、自分がどうしたいかを明確にしていきましょう。覚悟を決めたらおのずとやるべきことが見えてくるはずですよ。そして決めたら少しでもいいので、とりあえず何か行動してみましょう。

【後日、S様からいただいたメール】

セッションの後、両親に相談して実家に避難しました。今思えば、もっと早く相談すればよかったです。なぜあんなに苦しいのに逃げなかったんだろう……。

避難してからはできるだけ一人の時間を作り、繰り返しどうしたいのかを考えました。1年後や10年後はどうしたいのか、何度も何度も考えました。わかったのは、何度考えても夫と一緒の未来は見えなかったことです。

これからどうしたらいいのか不安でしたが、「決めたらやってみる」と言われたことを思い出し、とても怖かったのですが、恐る恐る両親に相談しました。すると、叱られたり、考え直しなさいと言われると思っていたのに、両親は「すぐに離婚しなさい」と応援してくれたのです。

てっきり反対されると思っていたのでビックリしました。両親も応援してくれ、一緒に相談所に行ってくれたり、離婚調停をして、なんとか離婚することができました。

本当はゴール設定したくらいで変われるのかな?と思っていたのですが、藁にもすがる思いでやってみたら、たくさんの人が応援してくれました。まだ不安なこともいっぱいですが、ゴール設定をして、これからの自分をしっかり生きていきたいと思います。本当にありがとうございました。

case
9

夫婦関係と不倫

夫以外の男性（ツインレイ）とともに生きたい

私は既婚者ですが、夫以外の男性がツインレイ（魂の片割れ）だと気づきました。夫と別れて彼と一緒になりたいと思いながらも、一歩踏み出せずにいます。彼との関係性を考えるうえでも、夫とのことについて知りたいです。

（Rさん／40代※女性）

※ご相談当時

ＮＥ：ご主人とのことについてお知りになりたいとのことですが、人との縁、特に結婚相手とのご縁はR様ご自身の魂の成長を促すためにあります。ですので、まずはR様の本質についてみていきましょう。

R様：はい、よろしくお願いします。

ＮＥ：R様の本質は「芸術芸能に長けた研究家」クリエイターと研究家が融合したキャストになります。
（P275ライトマスターチャート内①）
占星術がお好きでツインレイに気づくほど勉強熱心なのは、このキャストの特徴からきていますね。
他にも「頑固者、フウテン、デビル、花魁」が入っていますが、フウテン以外は罪状キャストで、過去世から持ち越してきた罪状です。つまり、R様の今世の目的の1つは、この罪状の昇華といえます。

R様：具体的にはどんな罪状なのでしょうか？

ＮＥ：まず、頑固者は執着する傾向があります。不倫関係にある後輩の男性がいらっしゃるとのことですが、本質に花魁が入っていると、異性にはモテるのですが、色情因縁があり異性トラブルで身を滅ぼす特徴があります。

RさんとRさんのご主人のライトマスターチャート

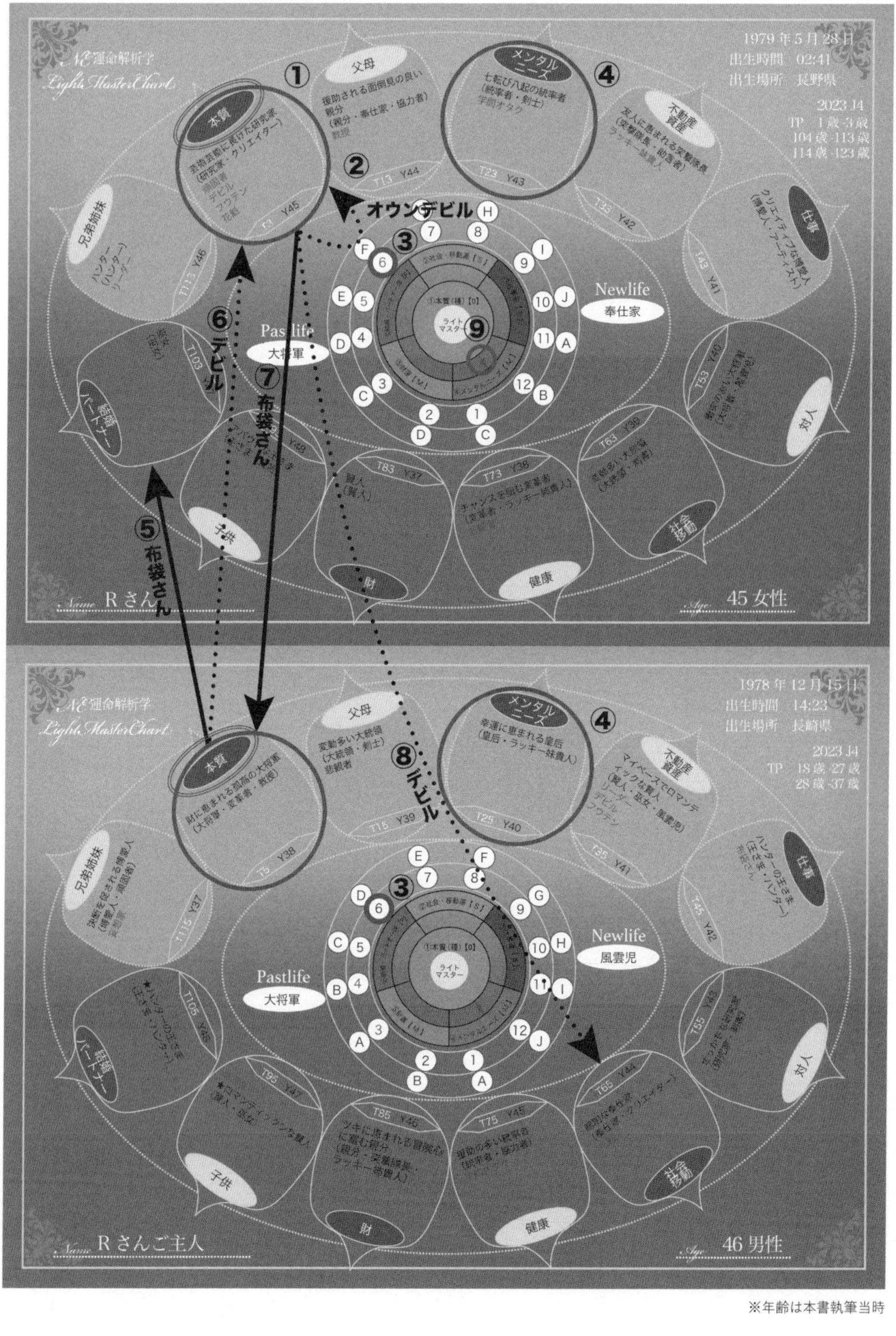

※年齢は本書執筆当時

R様：そうなんですね。幼い頃から異性に付きまとわれることが多かったのですが、理由がわかりました。

NE：また、本質にデビルが入っていると、視野が狭く、自己憐憫に陥りやすいこともあり、どんなに自分が悪くてもそのことに気づきません。奥義の読み方でみると、R様は本質から本質に、デビルが飛ぶのでダブルデビルとなります。**（P275ライトマスターチャート内②）**ただのデビルより、ものごとが起こった時、その原因がたとえ自分にあっても、気づきにくい傾向となります。

R様：気づきにくいんですか……？

NE：そうです。今回、ご主人と別れて後輩の男性との人生をお考えとのことですよね。

R様：はい、できればそうしたいと思っています。

NE：結婚の形は選択のひとつなので、維持されるのも離婚されるのもR様の自由です。ですが、気づけていない部分を炙り出すためにも、次はご主人との関係性と相性を観ていきましょう。

R様：はい、よろしくお願いします。

NE：R様とご主人の運命プログラムは、本質の位置が同じ6の位置。**（P275ライトマスターチャート内③）**

こういった方は、出会うと感覚的に理解しやすく、共感しやすい相性といえます。ご結婚された時期も、お互いにメンタルニーズの時期で、ともに「結婚したいと強く望む時期」となります。**（P275ライトマスターチャート内④）**

夜の時代の結婚相手の多くは、過去世において敵同士の関係です。罪状である感情の反応が最も出やすい関係となることで、お互いに魂の進化成長を促すようにできています。つまり、R様とご主人はお互いの罪状を昇華するための相手であり、結婚された時期を観ても、タイミング的にも必然だったともいえます。

R様：後輩とはツインレイだと思っていましたが……夫とも魂的な縁が深いんですね。

NE：そうです。奥義でさらに深い相性を観ると、ご主人の本質からR様の結婚パートナー運に布袋が飛ぶので、R様にとってご主人は、夫、妻、子供の親としての結婚の相手としては良いのです。**（P275ライトマスターチャート内⑤）**

しかし、ご主人の本質からR様の本質にデビルが飛ぶので、ご主人がR様の本質を潰すと出ます。ということは結婚相手としては良くても、R様が本来の自分でいられないという相性でもあります。**（P275ライトマスターチャート内⑥）**

逆に、R様の本質からご主人の本質に布袋が飛ぶので、R様は、ご主人の本質を生かす相手となります。**（P275ライトマスターチャート内⑦）**

しかし、デビルがご主人の社会移動に飛ぶので、R様はご主人の社会的な立場において問題となる相手となります。**（P275ライトマスターチャート内⑧）**

こういったことから考えて、価値観がしっくりこないと感じているのであれば、距離を取りながら生活すれば、結婚生活もクリアできる運命プログラムになってはいます。

R様： そうなんですね。おっしゃっていることはわかりました。

でも、私のライフナビゲーションはメンタルニーズなんですよね？**（P275ライトマスターチャート内⑨）**

心の声に従うのは間違っているのでしょうか。自分の気持ちに嘘を付いて夫婦を演じるのを考えると、モヤモヤして気持ち悪いです。

NE：そういう反応が、まさにデビルと花魁のセットの反応なんです。自分に素直になる……それは大事です。ですが、今までそれができず、今世、家族に偽りの中で蒔いてきた罪状の刈り取りはどうするんでしょう？
家系の因縁因果の先祖の信号をそのまま受けているだけといえます。R様のご両親も離婚されていましたね？

R様：はい、父の借金が原因で離婚しています。

NE：罪状は感情です。それも強烈なほどの。離婚するのもしないのも自由ですが、このように同じパターンを繰り返す家系の反応で、R様自身の魂の罪状昇華のために出会っているご主人と向き合うことなく、罪状を昇華することを放置すれば、その後は、本質のダブルデビルや花魁が至るところで出現する、罪状昇華のための人生になるでしょう。
ご主人との関係性の中で、本来なら、ある程度、昇華できるようプログラムはしているのです。だから、距離を置いて関わりを続けるほうがまだ無難と観ています。
今、起こっていることは、家系の因縁因果の繰り返しのパターンを引き継いでいる事象の現れだと、認識されると良いかもしれません。その家系の流れを後の子孫に引き継がず、解消するために、R

様に、白羽の矢が立っているのかもしれませんね。

【後日、R様からいただいたメール】

夫とは離婚せず別居婚をすることにしました。後輩には、過去世でも彼のため自分を犠牲にして家族との別離をしたために、今世でも同じことを繰り返そうとしていたということ、家族としての学びを終わらせないと彼と統合（宇宙に帰る時に魂がひとつに戻ること）はできないということを伝えて納得してもらいました。

私が感じたモヤモヤは方向性が違う

からではなく、向き合う課題から逃げたいがためのモヤモヤだったんですね。本質に持ち越しの根深い罪状があると、そこから来る反応が当たり前すぎて、なかなか罪状から来ているものだと認識できないとのことですが、ご助言に従って、まずは感情にまかれないことを意識していきます。

私の本質にある罪状、デビル、頑固者、花魁セットは、異性間において相当テーマを孕んでいるため覚悟が必要とのこと。これを知っているだけでも、これから生きていく上での大きな指針を得た気持ちです。ありがとうございました。

case
10

パニック障害

25年続くパニック障害を克服したい

死への恐怖をいつも感じています。日々、怖くて仕方がなく、心休まることがありません。こんな生活から今すぐ脱却したい。どうすれば良いでしょうか？　アドバイスをお願いします。

（Eさん／50代※女性）

※ご相談当時

NE：パニック障害をお持ちとのことですが、どんな時に症状が出るのでしょうか？

E様：先日は猫の死骸を見てパニックになりかけました。黒い猫の死骸にまず恐怖を感じて、今日は不吉なことが起こるという考えに歯止めがきかなくなって……。

NE：猫の死骸を見れば、驚きますね。

E様：でも、一緒にいた娘が「財布が落ちてる」って言ったんです。で、よくよく見たら黒い猫の死骸ではなく、黒い財布でした。こんなことが日常茶飯事で。いつも恐怖に囚われていて、もう身が持ちません。

NE：そうだったんですね。では、E様がそのような心情になる原因と解決方法を、パスポートを見ながら一緒に紐解いていきましょう。

E様：はい、よろしくお願いします。

NE：E様の本質は「皇后」聡明で包容力を持ち、他人を許す度量があります。広く浅く知識を吸収し、

Eさんのライトマスターチャート

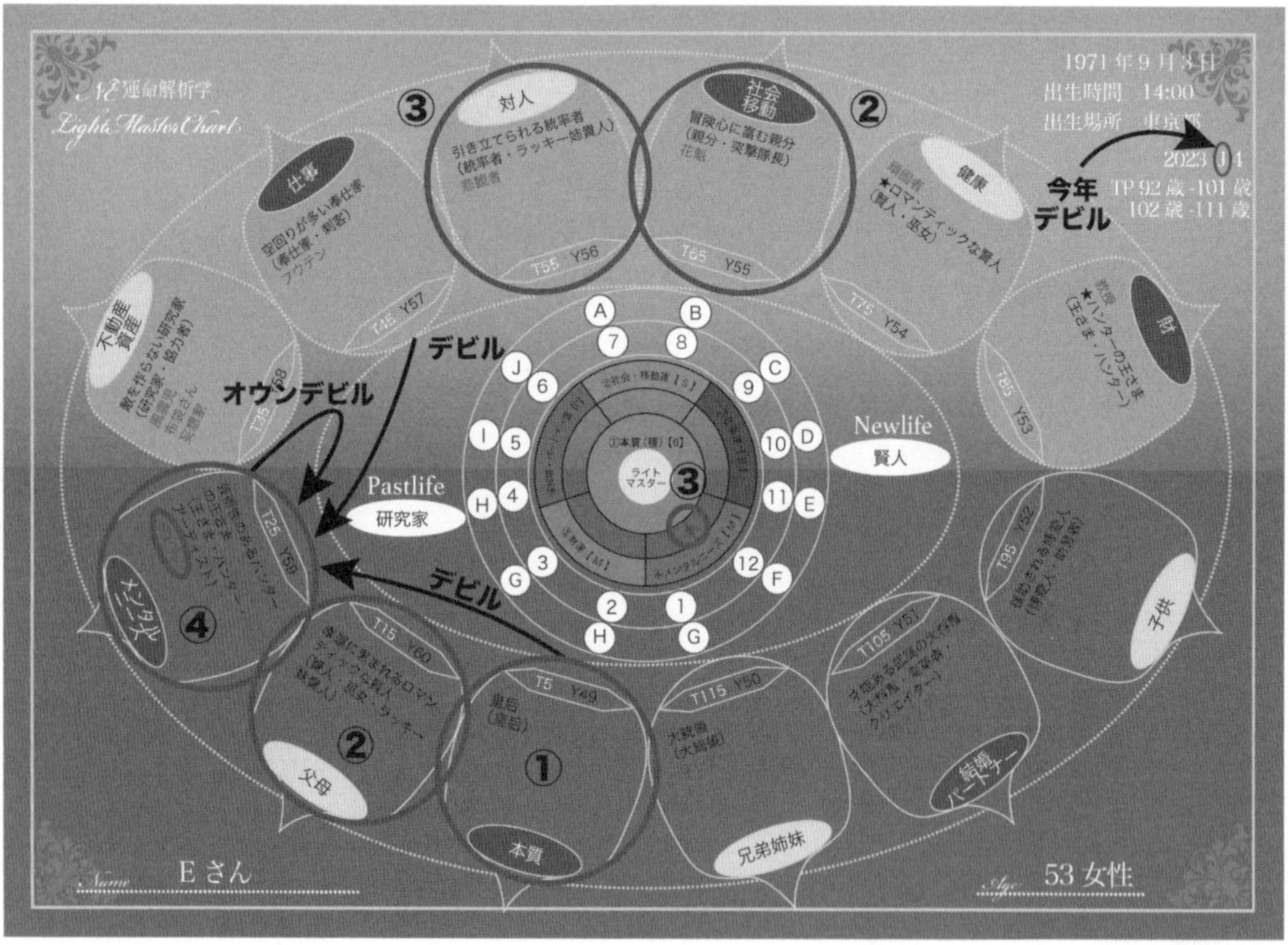

※年齢は本書執筆当時

多芸多才ですが、スペシャリストよりもゼネラリストであるほうが適しています。周りのバランスをとっていくことが得意で、うまく人に寄り添い、淡々と実直に物事を進めていくことができます。

（P284ライトマスターチャート内①）

この説明を聞いていかがですか？

E様：正直に申し上げると、自分とはまったく違うので戸惑っています。

NE：では、こんな傾向はありますか？　こんな自分ではいけないと頑張るものの、指摘されるとヘソを曲げてしまったり。

E様：あー、まさしく私です！

NE：そうなんですね。じつは、この傾向はE様が本当の自分を生きておらず、ご両親や社会、ご自分の経験から刷り込まれた自分、つまり闇キャストとして生きている場合に生じるんです。本質が皇后で、父母運が「幸運に恵まれるロマンティックな賢人」なので、恵まれた環境だったのではないかとお察ししますが。**（P284ライトマスターチャート内②）**いかがでしたか？

E様：はい、実家は裕福で、私は特別な星の元に生まれたんだと、ずっと思っていました。その頃は、かなり鼻持ちならない人間だったと自分でも思います。

NE：なるほど。実は恵まれるがゆえにプライドが高くなる、というのも皇后の闇キャスト、女中で生きている時の傾向なんです。

E様：そうなんですね。

NE：パニック症状の原因のひとつは、まずは本質を生きていないことが大きく関わっていると考えられます。というのも、本当の自分を生きていないとエネルギーが落ちて、視野が狭くなり、憑依もされやすくなるからです。まずは、E様は女中ではなく皇后であることをしっかり認識してください。

E様：女中じゃなくて皇后……。

NE：そうです。では、さらによくみていきましょう。E様のライフナビゲーションはメンタルニーズです。常にご自分の心の声を基軸に物事を進めていくと、運と人生が開花していきます。（**P284 ライトマスターチャート内③**）

E様のメンタルニーズは「芸術性のあるハンターの王さま、デビル」。**（P284ライトマスターチャート内④）**

ここで注目したいのはデビルです。メンタルニーズにデビルが入っていると、こだわりが多く物事を悲観的に捉えやすくなります。やや固執的な傾向があるので、自覚することが大切です。

E様：確かに、こだわりは多いですね。悲観的、というのは私にはよく分かりません。

NE：そうですか。たとえば先ほどのお話。見間違えは誰にでもありますが、黒い財布を黒い猫と勘違いした後の行動を思い返してみて、いかがですか？

E様：そうですね。恥ずかしながら、思えば悪い方向に考えやすくはあります。

NE：その傾向に今まで気づかないでいた、というのも怖くないですか？

E様：あー！　確かに、今、指摘されてやっと分かりました。

NE：でも、今気づけたので安心してください。ここから大切なのは、もう怖がらないと決めること。黒猫の死骸の正体が黒い財布だったように、特にE様は「ご自分は思い込みやすい」ということを自覚することが肝要です。

E様：怖がらないと決める……なかなか難しそうですね。

NE：それが難しければ、怖さを感じても手放すと決めることです。最初は難しくても、何度も何度も挑戦してください。ここまで強く言うのには他にも理由があります。

実は、NE運命解析学の奥義の読み方をすると、メンタルニーズにはあらゆるフィールドからデビルが飛んでくるんです。

メンタルニーズ、本質、仕事、そして今年。このことからわかる2023年は、特にメンタルニーズのデビルと向き合わざるを得ない状況が次々と起こる可能性がある、ということ。

E様：え？　今までも大変だったのに、さらにですか？

NE：E様、また癖が出ていますよ。一旦ここで怖さを手放す練習をしましょうか。データから、K様が怖いと思うことが、今年は特に多く生じる可能性のあることがわかりましたよね？

E様：はい。

NE：では、E様はどうしますか？

E様：どうするって……怖さを手放す？

NE：そうです。まずは手放すと決めることは大事です。そのために効果的な方法をお伝えします。E様は、宇宙の原理原則を表している太極図を見たことはありますか？

E様：陰陽の勾玉が2つセットになっている図ですよね？

NE：はい。太極図が表しているのは、ものごとはデメリットだけで存在しておらず、常にセットでメリットも同時に存在しているということなのです。E様は、怖いという感情の反対は、何だと思いますか？

E様：安心とか平穏だと思います。

NE：そうですよね。そうすると、E様が思考の癖で、怖さが出そうになった時、必ず、その裏側には、怖さに相対する、安心そのものが同時に存在していると認識してください。怖さの感情に巻かれる前に、周囲を見渡したりして、その時、E様に安心感を与えてくれる、人やモノや景色やスピリット的なものでもいいです。意識的に探してみてください。そういったものが、常にセットでE様を包んでいるということに気付けるようになると、恐れを手放しやすくなります。

E様：なるほど……わかりました。やってみます。

NE：ただ闇雲に怖いと縮こまっていた今までと違って、感情にもマイナスもプラスも両方同時にあることを知って、怖さを手放すと決めたことで、視野が広がり、怖さも和らいだと思いませんか？

E様：言われてみれば。

NE：実は、メンタルニーズにデビルがある方は、自分の傾向に気づき、自覚し、それを乗り越えることで、達成感や成長、大きな喜びを感じ、発展をしていくこともできるんです。

E様：そうなんですか。そう聞くと、デビルも悪いことばかりじゃないんですね。

NE：デビルが引き起こすことはすべて、E様の成長を促したいがゆえなんです。今回そのことにも気づけたので、今までよりは恐怖にまかれることも少なくなっていくと思いますよ。

E様：ありがとうございます。

NE：今年は「怖い」と思っても、依頼はすべて受けてください。常にセットで同じだけの安心もあると知った経験が、これから先のE様の人生を飛躍させてくれます。

【後日、E様からいただいたメール】

先日はセッションをありがとうございました。あれからパニック症状が出なくなりました！　まだ怖いと思うことはあるものの、アドバイス通り依頼をこなすことで、怖さとの付き合い方を少しずつ身につけている感じです。

実は、私はずっと人に嫌われていると思ってきました。だから、切られる前に切る、ということをしてきました。でも、怖さと向き合うことでものごとは多面的であることに気づかされ、今まで切ってきた関係を思い返してみたんです。

そうして見えたのは、本当は私は嫌われていなかったし、むしろ好かれていたのではないか、ということ。今まで真っ黒だった過去が白く変わった瞬間でした。感謝しています。

メンタルニーズにデビルがあることも、たくさんのフィールドからデビルが飛んでくることもショックではありましたが、それならメンタルを強くすればいいじゃん！と開き直っています。

その一環として、以前から気になっていた子供と関わる仕事も始めました。この決断ができたのは、メンタルニーズにライフナビゲーションが向いていると知ったことが大きいです。昔は教育ママで、その時に培ったスキルを遺憾なく発揮できていて充実しています。

メンタルニーズのデビルとの付き合い方は何となくわかってきたので、これからは本質の皇后とも向き合っていきたいと思います。本当にありがとうございました。

case
11

将来への不安

特に大きな悩みはないのですが、漠然とした将来のことが気になります

大手企業の内定をもらっているので目先のことは決まっているのですが、時代が時代なだけに不安がないこともないです。

２０２０年からのコロナ禍の影響で、大学への登校もほとんどなく、夢や希望のない世代だと感じています。就職して、いつか結婚して……という普通の人生なのかなと。

その反面、興味のあることをとことと

ん突き詰めています。それは、バブル期と言われた1980年代（昭和）の情緒的な歌詞を含めたポップスやカルチャーです。現在の希望が持てないと時代とは違い、1980年代は私から見るとキラキラした希望があって魅力を感じているんです。

周りの友人に昭和の時代に興味のある人がいないので、SNSを通じて知り合った子と喫茶店巡りやディスコに行ったりしています。当時のアイドルのメイク、衣装、振り付けの真似をしてインスタなどに上げていました。

大学4年生の後半に、インスタを通じて雑誌やTV局からの出演依頼が入り、それを機にいろいろな人たちとの出会いがあり、とても忙しく楽しい日々を過ごしています。

単なる昭和好きではなく、きちんと時代を研究して、歴史的な文脈を認識した上で体現したいと思っています。ただ、これからは昼の時代ということを聞いているので、自分のやっている事は時代に逆行しているのか？というのが気になります。

（Bさん／20代※女性）

※ご相談当時

NE：B様の本質は、「運と徳を持つ奉仕家、風雲児」です。奉仕家は2番手として人のサポート、人と人を繋ぐ、人の心に道を引くという要素があります。「運と徳を持つ奉仕家」はラッキー妹貴人も融合されているので、本質を生かすと人からの援助が多くなります。**（P297ライトマスターチャート内①）**

B様：そうなんですね。高校生の頃から、年上の方から良くしていただくことが本当に多かったように思います。意識していませんでしたが、確かにそうでした。

NE：どんなに良い伸ばしどころを持っていても、気づかないとそのままになってしまいますが、ここはB様の伸ばしどころなので、どんどん行動して人や社会に価値提供していくと、より人からの応援を貰いやすいですよ。

B様：わかりました、意識してみます。

NE：それから、課題のキャストとして「風雲児」がありますが、先ほど伺ったお話からすると、どんどん一人でも外に向かって行動していく感じですね。一見、人当たりは良いのですが、中身は激しい傾向の方が多いんですが、B様はいかがですか？

Bさんのライトマスターチャート

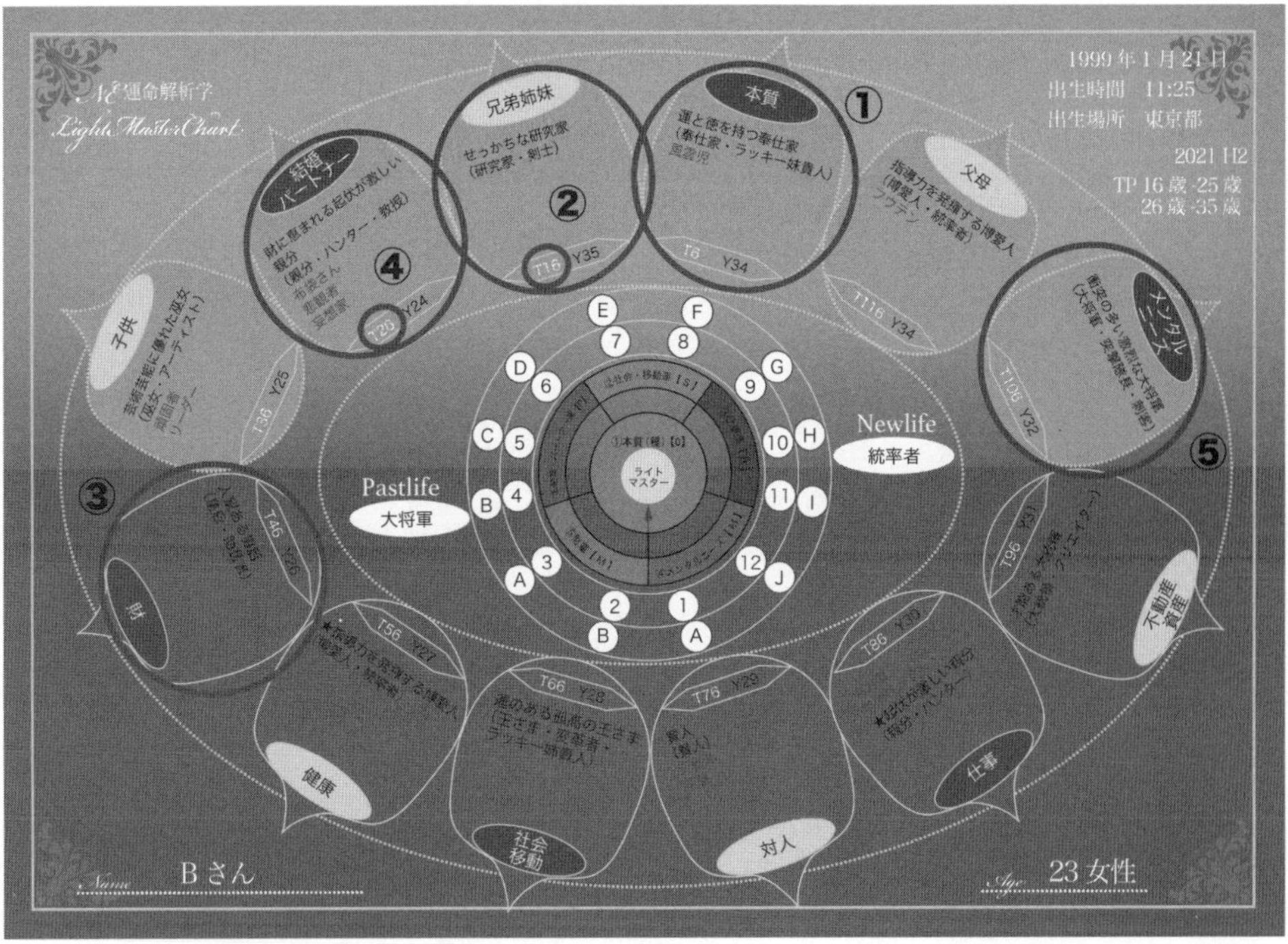

※年齢は本書執筆当時

B様：まさにそうかもしれません。

NE：若いうちはこじんまりとまとまらずに、チャレンジして多少痛い思いをしても、どんどん経験をして学びにしていくと良いと思います。

次に、タイムキャストのお話に移りますが、B様の秘密がここにあるようです。タイムキャストT16―25は「せっかちな研究家」です。**（P297ライトマスターチャート内②）**タイムキャストに研究家がある時期は、自分の興味と関心があることを学び始めたり、研究を深めたりします。これと思ったことを探求して、その後、わかりやすく世の中に広めていくという行動をとりやすいのですが、まさにこの通りですね。

B様：本当ですね。中学生の頃、YouTubeで中森明菜さんを知ってファンになりました。高校1年生の時には宝塚にハマって、昔の動画を観まくって、ひとりで劇場に出待ちをしに行って、そこで知り合ったおばさまたちに可愛がっていただきました。

その時、宝塚受験を勧められて、高校2、3年で受験し、2回とも2次試験までは行ったものの最終合格には至らず、何もする気が起きず、夢も希望も何もないまま付属の大学に進みました。

NE：お話をうかがっていると、本来であれば課題である本質の「風雲児」の行動力を上手く活かしていますね。

B様：なるほど、そうだったんですね。

NE：4月からは会社勤めをされるとのことですが、B様は会社に入ってOLをするタイプではありません。上司に言われたことをハイハイと聞くのは向かないんです。
本質の「運と徳を持つ奉仕家」は、率先して人を引っ張っていくほうではないのですが、人の心に道を引いたり、人と人を繋ぐことを前提でやっていくと、人から生かされるという要素があります。
その結果、自分のやりたいことができていく。探求したことや情報を何かのコンテンツとして提供していくというのも、他の人からのニーズがあるのなら良いですね。

B様：まさに最近、昭和好きのコミュニティで今のプチブームを単なるブームではなく、カルチャー化させていきたいと年上の方たちと企画していたところでした。

NE：なるほど。B様の主要なフィールド（本質、社会、仕事、財）に人から応援されるとか、助けがあるようなサブキャストが入っていますね。

大事なことは、単なる趣味をビジネスにするのではなく、自分が探求した先に人が喜んでくれるというのが大前提で、あとは自分の興味のあることを貫いていくと良いと思います。

次に財運をみてみましょう。B様は「人望ある皇后」。つまり、B様は「財運がある」ほうなんです。

(P297ライトマスターチャート内③)

B様：えー、そうなんですか!? 財運が良いのは信じられません。

NE：信じられませんか。それでも、財運はあるんです。とはいえ、先ほどお話していたように、今の時代に希望が持てないと、せっかく運や才能を持っていても、ダイヤの原石を磨かずして終わってしまう、なんてこともあり得るんですね。

B様には財を得る才能があります。本質の奉仕家という種の要素を常に忘れずに、今興味のある昭和のカルチャーを探求してカルチャー化し、コンテンツにしていくというのもひとつの才能かもしれません。

仮に、昭和に関するもの以外に興味が向いたとしても、探求しコンテンツにしていく中で培った経験、マインドはずっと自分のベースになっていく。

その経験やマインドのおかげで、その後、創り出すものがグレードアップしたり、違うものも内包した何か別のものを生み出すかもしれません。常に人の役に立つことをベースにしていくと、人にも恵まれていきます。

B様：誰でもお金持ちになりたいと思いますが、自分には無理だなというマインドだったのでびっくりしています。

NE：まずは「人望ある皇后」というキャストを自覚することです。何でもそうですが、この世界に「ない」と思ったら、あっても「ない」ものとなっていくこともあり得るのです。

B様：そうですね、わかりました！

NE：ところで、4月からは企業に就職なんですよね。
今数えの23歳ですが、26歳から、10年のタイムキャストが変わりステージが変化します。数え年26歳からのタイムキャスト（**P297ライトマスターチャート内④**）は「財に恵まれる起伏が激しい親分、布袋さん、悲観者、妄想家」です。
「財に恵まれる起伏が激しい親分」は親分・ハンター・教授が融合されているのですが、親分、ハンターは自分で何かをしていくキャストです。枠・型にはまっていくことが難しいんですよ。では何をするのか?というと、今まで培ったことがあるじゃないですか。表現や執筆、実際に雑誌やTVに出た事実があるということは、何かB様に魅力があるんです。そこを自覚して、自分で深掘ってみる。それと、教授があるので、今まで探求した事を教えていく、伝えていく。ここは自分でやったほうが良いです。

自分でやるためには社会経験も必要ですから、この3年間で「自分で立つには、どのようなことが社会的に必要なのか」という認識を持って勉強してください。

罪状（課題）キャストが二つ入っているので、いろいろ不都合なこともあるでしょうが、すべて経験、学びになり、結果良かったということになります。

不都合なことを経験したときに、どうやって立ち直っていけば良いか、そしてそれをどう糧にするか。そのようなことを今の段階から学んでいく。それができると自分で立つという時に深みに変わっていきます。

B様：そうですね。

NE：自分で発信したり、立っていく人が、何の痛みも経験もばければ、深みがなくて浅いですよね。

一見、不都合と思えることを人生で経験しても、人のせいにするのでもなく、自分を卑下するわけでもなく、全部自分の勉強だったんだよねと理解し、そしてそれが全部自分の器となっていく。そういう認識ができると、起こったことはムダなことはひとつもない。そしてすべて善きこととなりますね。

B様：深いですね。本当にそうだと思います。

NE：次にメンタルニーズをみてみましょう。B様のメンタルニーズは「衝突の多い激烈な大将軍」です。

（P297ライトマスターチャート内⑤）

案外強いですね。精神的に忙しかったり、仕事や雑事に追われたりすることがあっても、目的や志を持ってやっていくとよいでしょう。

また、NE運命解析学の奥義と呼ばれる読み方をすると、本質がメンタルニーズに良い影響を与えます。メンタルニーズの傾向として、若干悩むこともあるかもしれませんが、常に自分は何のためにやっているのかを忘れないことが大切です。

本質の「運と徳を持つ奉仕家」をしっかり生きること。つまり、昭和カルチャーの何らかのコンテンツによって多くの人を活性化する、それを好む人たちを元気にする。そういう志を持ってやっていくと、人にも応援されるし、充実した人生になるということです。

B様：確かに、バイトでも興味のある勉強でも周りが見えなくなるくらい、真面目に没頭してやってきたように思います。

NE：そういうマインドがある人は引き立てられやすいと思います。でも、引き立てられることで余計に頑張ってしまう傾向もあるので、そこは注意してくださいね。

【B様からいただいた感謝のメール】

セッションではありがとうございました。

この時代や社会のせいで希望が持てないと嘆いている場合ではなく、私は私として生きていくことが楽しみになりました。将来のことに漠然とした不安を持っていましたが、今回ライトマスターチャートでプログラムを知ったことで、とても良い羅針盤が手に入ったと思います。

アドバイスいただいたように、この時代をうまいかたちで料理していきます。ありがとうございました。

case 12

仕事について

世の中の役に立ちたい。でも何をすれば良いのかわからず、焦燥感が募っています

社会に対して怒りがあります。何かしなくちゃいけない、そうは思っても、自分に何ができるのか。自信もなく、焦燥感ばかりが募っています。私は世の中に対して何ができるのでしょうか？

（Yさん／50代※女性）

※ご相談当時

NE：社会に対して怒りがあるとのことですが？

Y様：はい、政治や社会に興味を持ち、たくさんの本を読んできました。そんな中、搾取する・搾取されるという構図があることを知ったんです。しかも、搾取するためにたくさんの惨劇が起きていることも……。その事実を知ってから、怒りを抱くようになりました。

NE：そうだったんですね。それで、行動を起こしたいと。

Y様：はい。でも、何をどうすれば良いのかさっぱりで。自分に何ができるのか知りたいと思って申し込みました。

NE：わかりました。では、Y様の本質からしっかり観ていきましょう。

Y様の本質は「ラッキー妹貴人、悲観者、★二面性を持つ大統領」。**（P308ライトマスターチャート内①）**大統領は、強いリーダーシップを発揮し、自分の存在そのものを光として、周囲を明るく照らすキャストです。

Y様：いやー、微塵もそんな要素がないです。目立つことが苦手なので、リーダーシップを取りたいとも

Yさんのライトマスターチャート

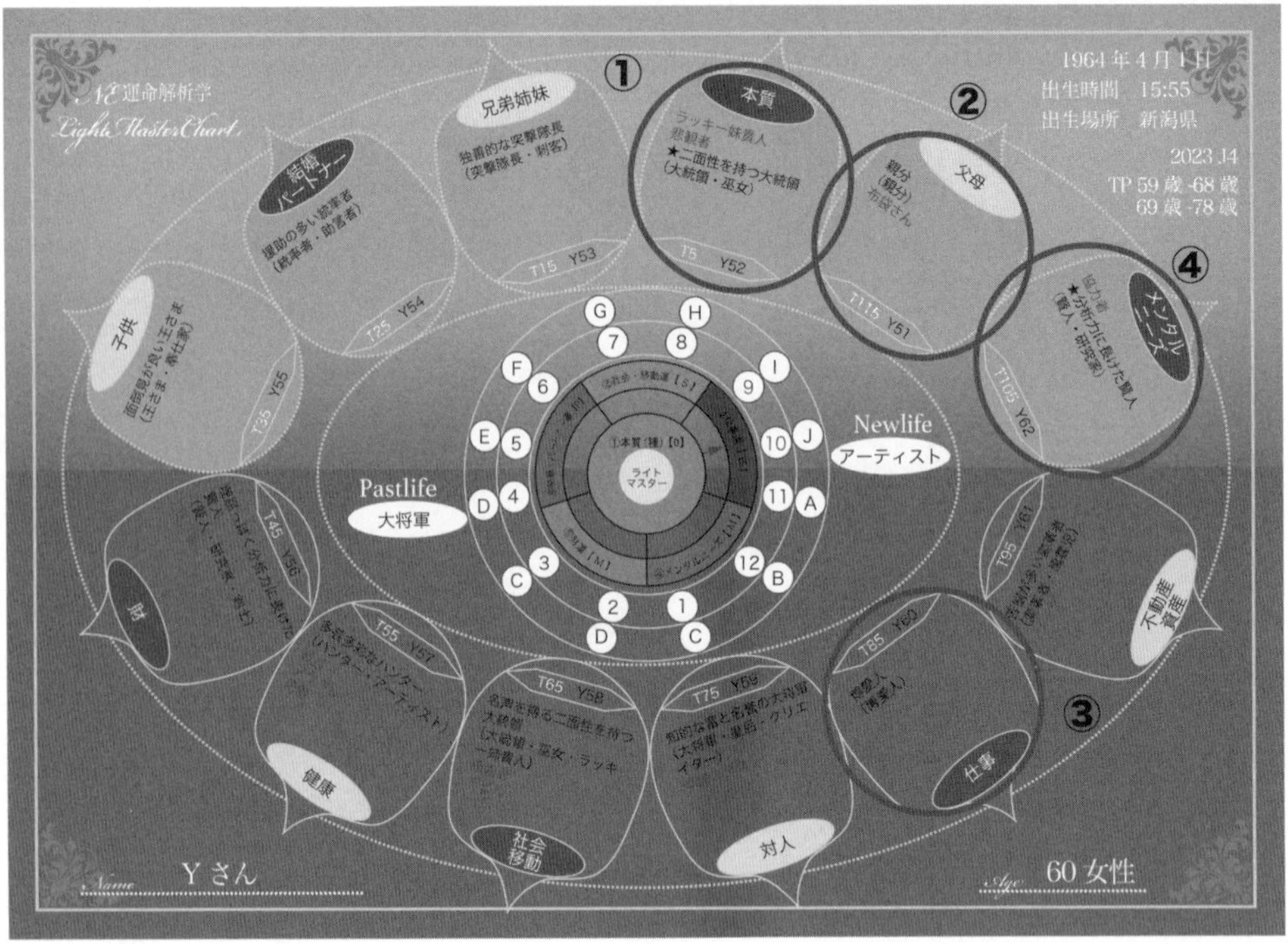

※年齢は本書執筆当時

思いません。

NE：そうなんですね。そう思われる理由のひとつには、Y様の場合、14キャストのベースは大統領なのですが、サブキャストのラッキー妹貴人と悲観者というサブキャストから本質がはじまる方なので、二面性を持つ大統領には★が付いています。

★付きというのは、対角線上にある社会のフィールドから「名声を得る二面性を持つ大統領」を、本質に、借りてきている状態なので、エネルギーが若干微弱になるのです。そのためか、二面性を持つ大統領の特質が、わかりにくいということが起きます。

そして、もうひとつ、大統領という本質は、Y様が光として生きている時の種なんです。ご自分で自覚し、育てないと芽は出ません。芽が出ていない状態、つまり本来の自分を知らず、他人として生きている場合は、闇キャストの「護衛」となります。

大統領というのは太陽という意味もあり、他を照らす人として輝き、時に導くエネルギーを持っています。そこを認識しないと、後方で影のように、大統領を守る護衛のような位置になってしまいます。ここでは、大統領が光キャストで、護衛は闇キャストとして設定されています。

Y様：まさしく私です。表立つよりも、私は影にいたほうが居心地がいいというか。なるほど、大統領はまったく自分と異なるので腑に落ちませんでしたが、闇で生きている状態なんだと聞くと、納得です。

NE：Y様は大統領の中でも二面性を持ったキャストです。というのも、Y様のキャストは、大統領と巫女が融合されているんです。

大統領は太陽、巫女は月と称され、活動的な部分と感受性の強い部分が同居するため、自分で自分を掴めない傾向があります。

ですが、ある意味バランスはとれているんですよね。ただ、感情のアップダウンが激しい。その忙しさに悩まれるかもしれませんが、悩んだ分だけ人生の幅と深みに変え、乗り越えると、その経験が同じように悩む人の光となります。

Y様：私は自分のことを欠陥品だと思っているんですけど、そう思うのも闇で生きているからでしょうか？

NE：そうかもしれません。Y様は落ち込むことが多いですか？

Y様：結構、悪い方向に考えがちです。

NE：そうなんですね。二面性を持つ大統領の巫女の影響もあると思いますが、Y様の本質にあるサブキャスト「悲観者」は、過去世から持ち越された罪状、つまり課題といわれていて、人生全般に根深く影響を与えます。

悪い方向に考えがちというのは、この悲観者からくる反応が大きいと思いますよ。じつは罪状って感情なんです。

Y様：そうなんですね。

NE：ただ、悲観者も罪状キャストだからといって悪い訳ではなく、要は使いようなんです。感性の豊かさは人の心身の痛みに寄り添う力にもなります。

悲観的になったとき、自分が抱いた考えは事実なのか、それとも自分の妄想なのかが区別できるようになると、今までネガティブに捉えていた過去の出来事も、ひょっとして、と思うようになります。

そうして紐解いてみると、実は自分の思い違いだったり、本当は自分への思いやりだったんだと気づくこともあるでしょう。

Y様：それは、あるかもしれないですね。

NE：Y様の本質にはもう1つのサブキャストであるラッキー妹貴人が入っていますが、目上の異性や実力者からの援助も受けやすい傾向になります。

Y様：いやー、男性からの援助は……ちょっと。

NE：何か嫌なことでもありましたか？

Y様：たいしたことではないんですけど、学生の頃にソフトボールをやっていまして。監督が男性でよく面倒をみてくださっていたんですが。その様子を見ていた友達に、「特別扱いされてる」って思われるのが本当に嫌で。
特に何かを言われたわけではないのですが、その経験からか、年上の男性からのご協力は反射的にお断りしてしまいます。

NE：それは、年上の男性に限ってですか？

Y様：いいえ、全体的に人に頼ることは苦手です。

NE：そうなんですね。Y様の父母運を観ると、躾が厳しかったのかなとお察ししますが、いかがでしょうか。

Y様：はい、私は長女ということもあり、それなりに厳しかったとは思います。ただ、長女だからと頭ごなしに叱られたという記憶はありません。思うに、私が勝手に長女たるもの、みたいな理想像を持っていて、頼ることをよしとしてこなかったんだと思います。それが癖になってしまったというか。

NE：なるほど。他にはどんな理想像をお持ちなんですか？

Y様：完璧にできて当たり前、みたいな。

NE：そうでしたか、先ほどもご自身のことを欠陥品だと仰っていましたが……。

Y様：あまりにも自分にできることがなくて、自信がないというか……。

NE：お話を伺っていると、本質にある悲観者がけっこう顔を出しているようですね。悲観的になった時、感情を押し殺す必要はないんですけど、そのまま感情に埋没するのか、それとも変わりたいからいったん客観的になってみるのか、意識的に決めていくと良いですよ。

Y様：わかりました。意識してみます。

NE：では、世の中に対して何ができるのか、というご相談なので、お仕事についてみていきましょう。

Y様の仕事運は「博愛人」。社交性や人当たりの良さを活かせる、人を相手にしたお仕事が向いています。たとえば、接客業や飲食業、医療、癒し業界、カウンセラーなど、ご興味はありますか？

Y様：接客はちょっと……。昔から人の相談に乗るのは好きなので、カウンセラーには興味がありますが、でも、専門職ですよね？

NE：確かに、職や勤務先によっては資格が必要な場所もあるでしょう。しかし、資格がないと働けないというのは思い込みです。これからは個の時代、Y様がしてきた経験を知ることで助かる方は大勢いらっしゃると思いますよ。

Y様：確かに、「資格がなきゃ」って思い込んでいたかもしれません。

NE：メンタルニーズはどんなことをすると心満たされるかがわかるのですが、Y様のキャストは「協力者、★分析力に長けた賢人」。人をサポートし、サポートされることや、興味のあることを深めて研究すると、満足度が高くなる傾向があります。

Y様：あー、やっぱりそうなんですね。何となく好きだなとは思っていましたが、ハッキリわかったので、これからは自信をもって研究に注力します。

NE：そうされると良いでしょう。Y様の運と人生が開花する方向性は「仕事」です。仕事に向いている方は、ご自分の仕事のスタイルを築くことが肝要となります。働き方はひとつではありません。
ぜひ、従来の働き方に囚われず、Y様が最も生き生きと働ける環境を自ら作っていただけたらと思います。

【Y様からいただいた感謝のメール】

先日はありがとうございました。アドバイスをいただいてから、伸ばすところは伸ばし、課題はしっかりクリアしようと決めて生活をしています。

その一環として、差し伸べていただいた手はありがたく受けることにしたのですが、順調に自分の理想の形で仕事ができるようになってきています。面白いことに、ご紹介くださった方はすべて年上の男性です。

セッションを受けてすぐは、まだ自分の志というものは見えていませんでしたが、今ではコレだと思える仕事ができています。

メンタルニーズの傾向を知れたおかげで、自信をもって興味のある分野に没頭し、その知識を使

ったお仕事をさせていただくようになったのですが、クライアントさんから直接ニーズをお聞きする機会がたくさんあり、その希望に沿いたいと動いたところ、どうもコレが自分の志っぽいぞ、と思っています。

エピローグ　すべては魂の知性を磨き進化のために導かれている

2014年6月、マスターが逝ってから4年後に、私は協会を設立した。マスターが生きていたら、1ミリたりとも思わない展開だった。

ことの始まりは、生前、マスターが亡くなる直前まで研究していた「龠幸輪《やっこうりん》」という不思議な道具が、2012年夏に、復活したときからだった。

龠幸輪というのは、大転換期時代を生きる人々の人生を良くし、無難に生きるために、宇宙から降ろされたというもので、マスターしか作れないものだった。それをすると不要な感情や思考、ノイズが取れてフラットになり、気づきが起きやすくなり、結果、人生の運と流れが良くなるというもの。マスターと出会った当時、言われるままにそれをやった途端、不要な感情が一発で取れたそのすごさに驚愕し、マスターの研究していた理論に引き込まれた。そのため生前、私もマスターからよく、龠幸輪を購入していた。マスターが亡くなった時、龠幸輪は完全にこの世から消えたと思っていたのだ。その復活の経緯は、鳥肌ものの奇跡のストーリーなのだが、それは別の機会に譲るとして……。

私は、長野に引っ越し、2年ほどマスターの理論と運命学の研究をしつつも、この先、どうするかが定まらずにいた。

そんな折、奇跡的に復活したという侖幸輪が私のもとに届く。

「まさか!?」

半信半疑ながら、試しに3日続けてやってみた。初日は体が嘘のように重くなった。2日目にはなぜか、気分が落ち込んだ。3日目にようやく心身がすっきりすると、その後すぐに、ある出会いが訪れる。

それは、ほんとに間髪入れないほど、すぐのことだった。これは効果がある！と実感した。その後、出会った人たちと急速に親しくなり、ともに仕事をすることになっていく。その縁の延長線上だった。彼らの勢いと助けにより、あれよあれよという間に、協会は立ち上がったのだ。

マスターの計らいだったのか……と、どこかで感じてもいた。

昼の時代は、一人ひとりが魂の目的で生き、罪状からくる壁や困難に遭遇しても、それを乗り越えていける知性を磨き、運命をレベルアップしていく「人生の達人」の時代という認識のもと、『マスターオブライフ協会』と名づけた。

私は、そこでマスターから引き継いだ理論をさらに研究しつつ、それをベースにしたN.E運命解析学を作り、NE運命解析士を育成することになる。

その間、日夜、脳みそに汗するほど、たくさん考え、たくさん行動し、ゼロから1を生み出した。今まで以上に、良いことも悪いことも体験し、人の心理や社会構造、世間の実情を知った。しかし、常に人や環境に助けられ、そのときに必要な経済や、気づきを得られ、ヴィジョンと道は示された。

振り返ると、すでに始めから、ここに至るまでの「こと」が決まっていたような錯覚に陥ることがある。

時々、生前にマスターが私に言っていた言葉が脳裏をよぎる。

「おまえは、まだまだ、経験が足らんな～」

（ほかの人と比べたら、相当、人生経験してるつもりですけどね～）

当時は、内心そう思っていたが、マスターは、この世の人間の悩みや苦しみ、理不尽なこと全般をおよそ経験し、それを転換する知性と術、宇宙の原理原則と愛を本当に腑に落とし理解するために必要な、「魂の知性」を磨くという意味での経験と成長、気づきのことをいっていたのだ。

亡くなった日に聞いた「すべて善きことだ」。

その言葉の意味は、マスターの庇護を失ってからの道のりすべてが、魂の進化、成長へと通じる経験だったと今は思える。

そしてさらなる魂の知性を磨くため、次のステージを見据え、私はまた翼を広げた。

「先生……あれから、私、だいぶ、経験を積みましたよね？」

「まあ、ボチボチな」

そんなマスターの声が聞こえてきそうだ。

あとがき　才能あるNE運命解析士とのコラボ本

いつか『NE運命解析学大全』を作りたいと思っていました。

世の中にある堅苦しい感じの運命学の大全ではなく、少し軽めなトーンで、実際にクライアントさんとのケーススタディを豊富に入れた、イラスト付きのポップな大全。

そんなイメージがありました。

NE運命解析学は、深淵な宇宙人生理論から、180度変わる地球の社会と人間の構造、環境の変化、運命、人生とは何か、昼の時代の生き方といった考え方を落とし込んでいます。なおかつ、NE運命解析学そのものも奥が深い学問です。まだまだ、研鑽の余地はあり、ここで大全としてしまうのもどうかと、はばかれる気もしましたが……。

とはいえ、ひとつの区切りとして、この段階でのNE運命解析学の累積と轍《わだち》を、形にしておきたいという思いもありました。そして、それをともに叶えてくれたのは、2人のNE運命解析士たちでした。

2人とも、NE運命解析学に出会い、自分と向き合う中で、人生が変わり、才能を見出し、コツコツと磨いた方々です。

今回、ライターとして執筆を手伝ってくれたのは佐藤秋子さんでした。はじめに、私がイメージした全容を、佐藤さんにまとめていただき、その後、私が執筆にはいったのですが、6章と7章のケーススタディのインタビューと執筆は、佐藤さんが遺憾なく才能を発揮して書いてくれています。

もうひとり、表情豊かでかわいらしい14キャストのビフォーアフターを描いてくれたのは、クリエイターとしても活躍している片山恵理加さんです。もともとNE運命解析学の14キャストや挿絵も描いてくれていますが、今回も彩を加えていただきました。

他にも、14キャストのレーダーチャートをまとめてくれた共育メンバーや、日頃から、私のイメージを形にしてくれている植田幸代子さんといった多くの方々の才能が、この本に結集したといえます。

佐藤秋子さんも片山恵理加さんも、植田幸代子さんも、携わってくれた他のメンバーも、初めから自分にこんな才能があると、わかっていたわけではなかったといいます。

皆、さまざまな悩みを抱えていたことから、NE運命解析学を学び、ライトマスターチャートに書かれてある罪状や才能を素直に受け止め、日々の中でこれまでのとらえ方や認識を変えていきました。罪状を昇華させつつ、目の前のことにチャレンジし、トライ&エラーを繰り返す中で、才能が磨かれ開花したともいえます。

今や問題を乗り越えた経験、そこで得た気づきや価値が、本来の才能をより輝かせ、花開いている姿は、まさに人生の達人ともいえるでしょう。

そういう人々と、ともにコラボをして新たなものを生み出していく。まさに昼の時代の共同共創だといえました。今後、宇宙人生理論やＮＥ運命解析学にご縁した人々が、さらに内容を深め、研鑽《けんさん》し、昼の時代の礎となる良きものを、世に出していってほしいと思っています。

人には必ず、魂の目的、持って生まれた才能や伸ばしどころというものが備わっています。それを早いうちに見出す人もいますが、そうではない人が、自分の才能や魂の目的に気づくには、深い悩みや闇の中にいたという経験が道標となることも多いのです。

人生における悩みや痛み、苦しみはいわばチャンスです。逃げずに、向き合い、気づきを得た先に、必ず、魂の目的や才能を発揮できる環境や人、ものごとといった、偶然ならざるご縁に出逢っていくのだと思います。

本書も、そのひとつの出会いとなることを願いつつ筆をおきたいと思います。

最後に、この本を読んでいただいた皆様、本当にありがとうございました。

そして、出版に携わっていただきました澤田美希さん、出版社のすべての方々に、深く感謝申し上げます。

天河りえ

ＮＥ運命解析学と出会って、多くの方が抱えている苦しみから解放され、願っていた人生を創造していく姿を見てきました。

＊＊

私が最も伝えたいのは、「自分自身に許可を出してほしい」ということです。

愛されること、能力を発揮すること、幸せになること、そして、あるがままでいること。

本書があなたを生きる一助となることを心から願っております。

佐藤秋子

＊＊

この度、私の人生で初めての体験となる本書の挿絵を担当させていただきました。本文中のケーススタディに沿って、キャストをイメージ、創造していく作業はとてもやりがいがあり、特に、博愛人の男性版や大将軍の女性版などを表現するのには苦労しましたが、楽しく取り組ませていただきました。

闇キャストから光キャストに変化する様《さま》を楽しんでいただけたら嬉しいです。今回、作業を進めていく中で、私がＮＥ運命解析学を初めて知った時の感動や衝撃も鮮明に思い出されました。

あの日から、ＮＥ運命解析学は、私の日常に少しずつ浸透していったように思います。


もし、あなたがこの本から何かの気づきや感動を得られたら、ぜひ、その気づきや感動を周りの人と分かち合ってください。その人の幸せな笑顔を想像して伝えてあげてください。

あなたにとって、この本が自分を知るきっかけとなり、魂と共に新たな一歩を踏み出すスタート地点となりますように。

最後に、声をかけてくださった天河先生をはじめ、本書の制作に関わってくださった皆様に、深く感謝申し上げます。

片山恵理加

Information

本文でご紹介しております『マスターオブライフ協会』ホームページでは、
「NE運命解析学」をはじめ、

- あなただけの「運命プログラム」（体験型ライトコンパスシート）のダウンロード
- 「本当の自分へのパスポート」
- 講座のご案内

などを、ご覧いただけます。

「マスターオブライフ協会」

https://ne-masteroflife.com/

著者プロフィール

天河りえ（あめかわ・りえ）

フューチャリスト
宇宙人生理論研究家
NE運命解析学創始者
一般社団法人マスターオブライフ協会代表理事

新たな時代の宇宙法則と人間の魂や運命の仕組み、今までとは180度変わる、昼の時代の生き方を研究し、20年以上前から発信し続けている、日本を代表するフューチャリスト。いよいよ訪れた時代の大転換期、世界を襲ったコロナショックを受け、世界中の人々が生き方を模索する中、大転換時代と昼の時代をより良く生きる生き方や、魂の目的を知り、運命をレベルアップする『NE運命解析学』を提唱し、注目を浴びる。現在まで累計3万人の受講者を先導してきた。

2003年に、発信の源となる、これまで明かされなかった、新たな時代の宇宙法則に基づき、人々がしあわせになる生き方を研究した類稀な頭脳を持つマスターと、その理論に出逢い、驚きと共に深く感銘。

2007年、今までやってきたことを一旦すべて手放し、社会との関わりを絶ち、世の中の変化を観察。

2014年、『一般社団法人マスターオブライフ協会』を設立し、宇宙がシフトしていく新たな時代にしあわせに生きるための宇宙法則「宇宙人生理論」を提唱。宇宙人生理論に基づいた「NE運命解析学®」を生み出す。現在、多くのNE運命解析士を世に送り出している。

著書に『地球大転換時代の生き方とNE運命解析学』（文芸社）、『人類覚醒のタイムリミット　「昼の時代」への過渡期を生き抜く選択』（ナチュラルスピリット）。

●ブログ『ソウルヴィジョンプロデュース』
https://amekawarie.com/

●YouTube『新たな時代の生き方チャンネル』
https://www.youtube.com/@ne-masteroflife

佐藤秋子（さとう・あきこ）

東京都葛飾生まれ、岐阜県在住。製造会社に11年勤務、2017年に退社。ディクシャギバー、アクセスバーズ®プラクティショナーを経て、2018年、「NE運命解析学®」を学び始める。2019年、NE運命解析士として活動スタート。次世代の共育に携わる。現在まで200名以上の解析を担当。本書、第7章case1「借金」のモデル。

●ブログ『運命を創造し、超えていく』
https://2ne.jp/

NE運命解析学大全

この時代を選んで生まれたあなたの人生の謎を解く

●

2023年10月23日　初版発行

著者／天河りえ、佐藤秋子

イラスト／片山恵理加
装幀・DTP／鈴木 学
編集／澤田美希

発行者／今井博揮
発行所／株式会社 ナチュラルスピリット
〒101-0051 東京都千代田区神田神保町3-2 高橋ビル2階
TEL 03-6450-5938　FAX 03-6450-5978
info@naturalspirit.co.jp
https://www.naturalspirit.co.jp/

印刷所／創栄図書印刷株式会社

ISBN978-4-86451-453-8 C0095